Der Weltveränderer

Der Sufi Bayazid erzählt folgende Geschichte:

» In meiner Jugend war ich Revolutionär, und mein einziges Gebet zu Gott lautete:
'Herr gib mir die Kraft, die Welt zu ändern.'
Als ich die mittleren Jahre erreichte und merkte, dass die Hälfte meines Lebens vertan war, ohne dass ich eine einzige Seele geändert hätte, wandelte ich mein Gebet ab und bat:
'Herr gib mir die Gnade, alle jene zu verändern, die mit mir in Berührung kommen. Nur meine Familie und Freunde, dann bin ich schon zufrieden.'
Nun, da ich ein alter Mann bin und meine Tage gezählt sind, beginne ich einzusehen, wie töricht ich war. Mein einziges Gebet lautet nun: 'Herr, gib mir die Gnade, mich selbst zu ändern.'
Wenn ich von Anfang an darum gebetet hätte, wäre mein Leben nicht vertan. «

Quellennachweis:
Reichel, Gerhard – „Der Indianer & Die Grille“ – Forchheim –
ISBN 3-92324-103-8, Seite 74
Verlag Brigitte Reichel, Goethestraße 1, 91301 Forchheim

Gliederung

» Der Erzieher
braucht kein sittliches Genie zu sein,
um Charaktere zu erziehen;
aber er muß ein ganzer lebendiger Mensch sein,
der sich seinem Mitmenschen unmittelbar mitteilt:
seine Lebendigkeit strahlt auf sie aus
und beeinflußt sie
gerade dann am stärksten und reinsten,
wenn er gar nicht daran denkt,
sie beeinflussen zu wollen. «

Martin Buber

Vorwort

Der Humanist Martin Buber prägte den Satz:

„Alles wirkliche Leben ist Begegnung."

In der sozialen Arbeit und insbesondere in der Pflege dreht sich alles um Begegnungen. Hier treffen Menschen unterschiedlichster Hintergründe, Ideen, Wertvorstellungen und Lebenserfahrungen aufeinander. Dazu in einer höchst persönlichen und oftmals die menschliche Nähe-/Distanzgrenze überschreitenden Art und Weise. Seit einigen Jahren wird bewusster, dass dabei die pflegebedürftigen Menschen und ihr soziales Umfeld nicht nur „Hilfeempfänger" im Sinne der einseitig gebenden Fürsorge sind. Sie haben auch als Kunden etwas zu bieten. Dabei zählt sowohl das Geld zur Bezahlung hauptamtlicher Pflegeleistungen im Sinne eines Marktaustausches als auch der Dialog über eigene Lebenserfahrungen und Lernmöglichkeiten im Miteinander.

Um alle beteiligten Personen auf diese komplexe Situation vorzubereiten, gilt es professionelle Grundlagen zu erarbeiten und zu leben. Professionalität macht sich aus der Praxis an sechs Ideenkreisen fest:

- Fachwissen und Fachkenntnisse aus dem Tätigkeitsfeld der Pflege und sozialen Arbeit, aber auch des Managements.

- Reflexion der eigenen Arbeit und der erlebten (und beeinflussten) Situationen.
- Unabhängigkeit bewahren in der Begegnung. Sich also nicht (zu sehr) in die oft komplizierten Beziehungsstrukturen beim Pflegekunden zu „verstricken".
- Mental fit bleiben, also „Tankstellen" für die eigene Energie zu kennen und sich selbst nicht über die Arbeit „verlieren".
- Öffentlich machen der eigenen Arbeit, auch als „Anwalt der Betroffenen". Dieser Bereich sollte unbedingt gelebt werden, um ein positives Bild der Pflege in die Öffentlichkeit zu bringen und allen daran beteiligten Personen eine größere Wertschätzung gegenüber zu erringen.
- Anpassungsfähigkeit im umfassenden Sinn. Die Situation in der Pflege ändert sich ständig. Ob es in der Einzellfallarbeit am Kunden oder in der Einsatzplanung, in der politischen Grundlagenentwicklung oder den juristischen Bewertungen der Pflege ist, überall wird von den beteiligten Personen Flexibilität verlangt!

Um diese umfangreichen Anforderungen erfüllen zu können, bedarf es der Schulung aller beteiligten Personen, aber auch dem „öffentlich positiven" Auftritt und der klaren Präsentation auf allen Ebenen.

Pflege als Profession hat wirklich etwas zu bieten! Inzwischen sind mehr Menschen in der Pflege beschäftigt als in der Autoindustrie – und das mit Zukunft. Die gesellschaftlich immer wichtigeren Aufgaben in der Versorgung, Unterstützung und Pflege älterer Bürger sind ein weiter Tätigkeitsbereich.

Dieses Buch soll anregen zum „Spielen“ mit den eigenen Fähigkeiten. Es soll Mut machen aus der „Mäuschenposition“ herauszutreten und sich positiv, klar und offen darzustellen. Präsentation der eigenen Person ist die Basis für die Wahrnehmung durch andere, also gerade im Rahmen eines zunehmenden „Pflegemarktes“ unabdingbare Voraussetzung für das Überleben als honorierte Profession. Die gekonnte Präsentation von Information und Wissen ist Grundlage für funktionierendes Lernen und Weiterentwicklung.

Es sollte nicht vergessen werden, dass in der Betriebswirtschaftslehre gilt:

„Wertschätzung führt zu Wertschöpfung!“

Also raus aus dem Schneckenhaus Pflege!

Stefan Block
Süstedt, 2006

Drei Dinge

» Drei Dinge sind unwiederbringlich:

Der vom Bogen abgeschossene Pfeil.

Das in Eile gesprochene Wort.

Die verpasste Gelegenheit. «

Quellennachweis:
Shah, Idries – „Die Karawane der Träume“ – München 2001 – ISBN 3-89631-417-3

1. Einführung

1.1 Präsentation als Idee

Präsentieren bedeutet sich oder eine Sache bzw. einen Zusammenhang darzustellen. Grundsätzlich geht es in unserer sehr dicht besiedelten Gesellschaft sehr häufig darum, sich zu präsentieren. Der „Werder-Schal" am Autofenster, der „Dreitagebart" im Gesicht oder die „coole Zigarette im Westernstil" in der Hand dienen als Mittel zur Selbstdarstellung.

Professionell wird die Präsentation, wenn man sich optimal auf die darzustellende Aufgabe vorbereitet, sich in die Vorkenntnisse und Hintergründe der Zielgruppe einfühlt. Dazu gehört inhaltliche Vorbereitung und eine umfassende Selbst- und Fremdwahrnehmung.

Jeder Mensch kann sich und seine „Ideen" präsentieren. Hier gilt im angepassten Sinn der Satz von Paul Watzlawick ... „Man kann nicht nicht präsentieren" ... wenn man sich unter Menschen bewegt.

Methodisch gilt es diese unabwendbare Funktion der Darstellung bewusster und mit mehr Planung zu optimieren. Es geht dabei nicht darum, andere nachzuäffen, sondern einen individuellen Weg in der Verbindung der eigenen Kräfte und Möglichkeiten mit den Anregungen der Methodenlehre zu finden.

1.2 Führung als Aufgabe

Führen findet im pflegerischen Sinne permanent und auf ausgesprochen unterschiedlicher Basis statt:

„Der pflegebedürftige Mensch benötigt oftmals „Führung im pflegerischen Sinne", um mit seiner schwierigen Situation zurecht zu kommen. Dabei gilt es einen sensiblen „Tanz" zwischen der Freiheit und Selbstverantwortung des Pflegekunden und den Ansprüchen der Pflegekräfte zu schaffen.

- Sehr ähnlich, aber in der persönlichen Betroffenheit eher noch komplexer, ist die „Führung" pflegender Bezugspersonen und Angehöriger. Diese haben meistens eine gemeinsame „lange Geschichte" mit dem pflegebedürftigen Menschen und benötigen sehr sanfte Führung zum eigenen Schutz und zur Qualitätsoptimierung im Sinne der Pflegebedürftigen.
- Darüber hinaus gilt Führung als Aufgabe zur Bündelung und Kommunikationssteuerung von Personengruppen, insbesondere von Pflegediensten oder Pflegestationen. Führung findet dabei in kleinen Gruppen (Qualitätszirkel, Pflegeteams u. Ä.) bis hin zu größeren Einheiten im Rahmen der Pflegedienstleitungen oder Geschäftsführung von Betrieben und Diensten statt.
- Doch auch in der „Lehre", also der Vermittlung von Wissen und Informationen in Schulungen, findet eine Form der Führung der Teilnehmerinnen statt. Die lehrende Kraft nimmt die Zuhörerinnen „an die

Hand“ und führt sie zu einem Punkt, um gemeinsam eindeutige Kenntnisse der vermittelten Inhalte zu bekommen.

Führen betrifft also nicht nur eine kleine Gruppe, sondern berührt alle in der sozialen, pflegerischen Arbeit tätigen Personen.

1.3 Rollen im Wechsel der Funktionen

Um sich präsentieren zu können, muss man sich der eigenen Rolle bewusst sein. Jede Person lebt in ihrem Leben zahlreiche Rollen in unterschiedlichsten Räumen, Zeiten und Zusammenhängen. Mal ist man der „Verschlafene Zeitungsleser“, der „Partylöwe“, der „Hausbauer“ oder der „Chef“.

Diese Rollenvielfalt besteht auch im Berufsleben. Da ist man „tröstende Kollegin“, „resolute Helferin“, „Anleiterin für Schülerinnen“, „einfühlsame Gesprächsleiterin in einem Personalgespräch“ oder auch „autoritäre Verhandlungsführerin im Gespräch mit einer Kassensachbearbeiterin“. Ständig wechseln die Anforderungen, die Strategien und Vorgehensweisen.

Wichtig ist, diesen Wechsel wahrzunehmen und bewusst zu reflektieren, um die eigene Präsentation im Sinne der gesetzten Ziele beeinflussen zu können.

1.4 Von der Theorie und der Praxis

„Nichts ist überzeugender als ein sprechender Mensch, wenn er sich als Leitfigur rhetorisch einfühlen und Aussagen auf den Punkt bringen kann.“ (AOK Magazin Praxis Aktuell 4. 2005)

Dieses Zitat beschreibt, worum es bei der gezielten, bewussten Präsentation geht. Es geht darum mit Methoden, geschickt eingesetzten, individuellen Möglichkeiten in der Kommunikation und ausgesuchten Medien, die eigenen Ziele anzupacken und auf die Zielgruppe entsprechend zu wirken.

Unterschätzt werden darf dabei nicht, dass „das Kleine“ (...) möglicherweise bedeutender (ist) als das Große. Das ist für viele Weltbeglücker natürlich eine überaus schäbige Idee, mit der man die Massen nicht begeistern kann.“ (Watzlawick 1997, Seite 37). Auch im täglichen Rahmen des eigenen Auftretens ist der Eindruck bzw. das Präsentationsergebnis zu bedenken. Jeder Mensch wirkt immer auf andere ein und das in der Dienstleistung Pflege um so mehr.

Insgesamt lebt eine Präsentation davon, dass ...

a) man sich selbst einschätzen und wertschätzen kann. Sich also selbst ein Stück „erkennt“ und seinen eigenen Stil entdeckt und weiterentwickelt.

b) man die Methodenwissenschaft, Pädagogik, Didaktik, Psychologie und Rhetorik in der eigenen Darstellung einbezieht.

Theorie ist dabei eine Befruchtung der praktischen Möglichkeiten. Präsentation lebt jedoch vom Üben, vom eigenen Erfahren und dem Leben. Üben und Probieren stellen also eine wesentliche Grundlage für eine gute Präsentation dar!

Die Tischrede

» Im alten Rom wurde ein Mann dazu verurteilt, in einem Amphitheater von einem Löwen zerrissen zu werden. Die Menge wartete erregt auf das blutige Schauspiel. Auch der Kaiser hatte in seiner Loge Platz genommen. Die Fallgitter wurden hochgezogen und mit Gefauche und gefährlich knurrend stürzte der Löwe auf den Mann zu.
Doch was tat der? Er beugte sich zum Löwen herunter und flüsterte ihm etwas ins Ohr.
Und dann geschah etwas, was alle den Atem anhalten ließ: der Löwe kniff den Schwanz ein und kroch ängstlich zur Seite.
Die Arena tobte vor Begeisterung ob dieses Wunders. Auch der Kaiser war sehr beeindruckt, winkte den Mann zu sich und sprach zu ihm: „Ich begnadige dich, wenn du mir verrätst, was du dem Löwen gesagt hast."
„Ich habe ihm gesagt", erwiderte der Mann, „wenn du mich frisst, dann musst du eine Tischrede halten. «

Quellennachweis:
Reichel, Gerhard – „Der Indianer & Die Grille" – Forchheim – ISBN 3-92324-103-8, Seite 160
Verlag Brigitte Reichel, Goethestraße 1, 91301 Forchheim

2. Notwendigkeit für Pflegekräfte und -dienste, sich zu präsentieren

Sich zu präsentieren hat durchaus etwas mit „Show" und „Selbstdarstellung" zu tun. In dem Moment, in dem wir uns entscheiden, mit anderen Menschen in eine gezielte (professionelle) Intervention/Kommunikation einzusteigen, finden höchst komplexe Vorgänge statt. Darin liegt ein gewisses Angstpotential, jedoch auch eine große Lust! Es macht meistens Spaß sich in einen Dialog zu begeben, sich selbst einmal in den Mittelpunkt zu stellen. Warum sollten Mitarbeiterinnen aus der Pflege dieses in besonderem Maße tun?

2.1 Personalkommunikation

Pflegerische Sozialarbeit ist eine „menschelnde" Dienstleistung. Gefordert sind Einfühlungsvermögen in die Kunden und ihre Wünsche, in die Qualitätsanforderungen der zahlenden Organisationen (Kranken- und Pflegekassen, Sozialhilfeträger, andere Institutionen) und das soziale Umfeld.

Um diese hohen Anforderungen erfüllen zu können, bedarf es einer beständigen Auseinandersetzung und Reflexion der eigenen Arbeit, der betrieblichen Abläufe und der Bedarfe aller beteiligten Personen. Voraussetzung ist dabei ein klares und positives Selbstbild. Man muss zu SICH stehen, um anderen Menschen in ihrer Not beistehen zu können. Ein wichtiges Übungsfeld dafür ist die eigene Präsentation. Das beginnt bereits bei der Bewerbung in einem neuen Betrieb. Jede Leserin möge sich erinnern, wie Bewerbungen und die evtl. Einstellung abgelaufen sind. Wie haben die Personen gewirkt? Wie sicher ist man selbst aufgetreten? Wie hat das Umfeld gewirkt?

In solchen Zusammenhängen ist ein klares Auftreten ein Geschenk für alle Beteiligten und schafft neue Möglichkeiten. Insbesondere im Führungsbereich ist Klarheit und Präsenz eine wichtige Motivationsgrundlage, zudem in Team- und Dienstbesprechungen, in Fortbildungen, bei Firmenfesten und Mitarbeiterinnenjubiläen immer eine präsente Person erwartet wird.

2.2 Kundenkommunikation

Kunden wollen wahrgenommen und wertgeschätzt werden. Jeder Kunde sieht sich als „Nabel der Welt" mit seinen Wünschen und Bedürfnissen. In solchen Situationen muss der Pflegebetrieb stets präsent sein und auf allen Ebenen professionell auftreten. Nur so können die Wünsche mit der erforderlichen Dienstorganisation und den Wünschen der Pflegekräfte übereingebracht werden.

Viele Pflegekunden sind zudem stark beeinträchtigt und wünschen sich Klarheit auch in der konkreten pflegerischen Tätigkeit. Der „Tanz zwischen der Fürsorge und dem Markt" stellt ebenfalls Anforderung an das Auftreten der beteiligten Personen.

2.3 Marketing

Die Dienstleistung Pflege ist noch immer stark im Fürsorgegedanken verhaftet und nicht genug mit einem „Geldwert" nach außen versehen. Die Pflegeversicherung hat ab 1994/95 den „Pflegemarkt" neu erschaffen und entsprechende Anforderungen an die Fachkräfte gestellt. Plötzlich sind aus monopolistischen Angeboten freie Konkurrenzsituationen geworden. Es wird um den Kunden „gerungen".

Damit sind automatisch Anforderungen an das Marketing und die entsprechende Öffentlichkeitsarbeit bzw. Werbung entstanden. Kunden sind hier im besonderen Sinne Multiplikatoren, also Vermittler von Pflegekunden. Das können Ärzte, Krankenhäuser, Therapeuten jeder Richtung, Sozialarbeiter oder auch Lieferanten und andere Unternehmen sein. Die Positionierung im Gemeinwesen und der Gesellschaft ist im Rahmen des Marketings ein wichtiger Baustein, um langfristig das eigene Unternehmen zu sichern.

2.4 Betriebliche Darstellung/Öffentlichkeitsarbeit

Wie stellt sich Pflege in der Öffentlichkeit dar? In der Tagespresse leider oftmals nur über die „schwarzen Schafe" und nicht über die unzähligen positiven Leistungen, die jeden Tag stattfinden.

Es ist eine wichtige Aufgabe aller in der Pflege tätigen Menschen, im positiven Sinne mehr Öffentlichkeit zu leben.

Dazu kann der kleine Informationsstand im Einkaufszentrum mit Blutdruckaktion und dem direkten Kundendialog, der Vortrag zur Pflegeversicherung in der Begegnungsstätte oder beim Seniorentalk beim regionalen Radiosender dienen. Immer geht es darum, sich zu präsentieren und die Leistung der Pflege in einer wertschätzenden Art und Weise darzustellen. Nur aus dem verbesserten Öffentlichkeitsbild wird auf Sicht das Verständnis eines Geldwertes der Dienstleistung Pflege entstehen. Konsumenten zahlen den für sie subjektiv angemessenen Preis! Der Preis einer Leistung ist niemals nur objektiv zu erfassen. Aus der Wertschätzung der Kunden wächst Wertschöpfung für den Anbieter einer Leistung.

Zudem gibt es einen gesellschaftspolitischen Auftrag zur Aufklärung und Information der Bürger über die außerordentlich komplexen Zusammenhänge und die Finanzierung der sozialen Arbeit *Pflege*.

Unterrichten

» Beginne keinen Blinden zu unterweisen, ehe du nicht geübt hast, mit geschlossenen Augen zu leben. «

Quellennachweis:
Shah, Idries – „Die Karawane der Träume" – München 2001 – ISBN 3-89631-417-3

3. Voraussetzungen für eine Präsentation

Jede Präsentation, auch die eines Produktes, lebt von den an der Ausführung beteiligten Personen. Ein Vortrag, bei dem die Vortragende sich hinter ihrem Beamer oder einem Rednerpult versteckt, wird kaum ankommen und keine Spuren bei den Zuhörerinnen hinterlassen. Gutes Fachwissen wird im Konfliktfalle zwischen einem Pflegekunden und der dortigen Pflegekraft nicht ausreichen, um im Sinne des Pflegebetriebes positiv zu intervenieren. Auch ein noch so gutes Leistungsangebot wird bei den Verhandlungen mit einem Krankenhausträger nicht überzeugen, wenn nicht auch Menschen präsent sind. Kooperation lebt eben wiederum von Personen.

Alle im Folgenden beschriebenen Medien und Techniken sollen die eigene Person unterstützen, nicht ersetzen. Auch

Zuschauer

gilt es immer die eigene Persönlichkeit zu bewahren, nicht durch eine künstliche Rolle zu ersetzen. Zuhörerinnen haben in der Regel eine hohe Wahrnehmungsgabe für Lüge, Unehrlichkeit und künstliches, eingespieltes Auftreten.

3.1 Persönliche Anforderungen

Betrachten wir als Beispiel der Präsentation echte Profis aus der Öffentlichkeit. In der Zeitschrift wirtschaft & weiterbildung wurde die Präsentationssituation von Angela Merkel und Gerhard Schröder dargestellt, insbesondere der Moment nach Vorliegen der Wahlergebnisse 2005 (nur sehr knappe Stimmenmehrheit der CDU/CSU). „Schröder verhedderte sich in seinen überbordenden Emotionen, die ihn übers Ziel hinausschießen ließen, Merkel verfiel in eine Demutshaltung, in die sie ihre Enttäuschung über das Abstimmungsergebnis getrieben hatte. Ihr Innenleben hatte die beiden Wahlkämpfer verraten. (...) Unter Stress zieht sich das Gehirn darauf zurück, das zu tun, was es immer macht, nur mit dem doppelten Aufwand." (Henkus 2005)

Eine gute Präsentation lebt also davon, dass man sich über seine Emotionen klar ist, sich selbst gut kennt. Unter Stress kommen Standardmuster „nach oben" und bestimmen unser Außenbild. Sprache ist immer mit Körperhaltung, Mimik, Blickkontakt und vielem mehr verbunden. Diese komplexen Abläufe können nicht komplett beherrscht und gesteuert werden. Hier ist geübter Umgang mit eigenen Möglichkeiten und der Echtheit gefragt.

„Die Wirkung eines Menschen hängt nämlich davon ab, wie er andere wahrnimmt, wie er auf sie ein- und ihnen auch unter die Haut geht. Denn Kommunikation (... ist) nicht nur der Austausch von Worten, sondern auch der Aufbau von Beziehungen." (Henkus 2005)

Damit ist ein weiterer wichtiger Punkt genannt, es geht um Beziehungen. Also auch in einer Präsentation geht es darum, einen Kontakt herzustellen mit den Zuhörern oder dem einzelnen Menschen in der Gruppe.

Persönliche Voraussetzungen für gute Präsentationen sind:

- Selbstkenntnis und ein Blick für eigene Möglichkeiten und Grenzen.
- Eine positive Ausstrahlung und Lebenseinstellung wird auf Sicht immer mehr Menschen „gewinnen" und ist damit ebenfalls eine gute Basis.
- Spaß und Lust an der (Selbst)Darstellung, also auch an der Begegnung.
- Training für Stimme und Körpersprache, denn „Übung macht den Meister".
- Geschickter Umgang mit den eingesetzten Medien. Grundsätzlich sollten nur die Medien genutzt werden, die man auch im „Pannenfalle" souverän beherrscht.

Grundsätzlich kann jeder Mensch präsentieren und viele Bereiche der Methodik sind lernbar. Der Rhetorik Trainer Günter Zienterra fasst es für sein Arbeitsfeld so zusammen:

„Rhetorik lernt man wie schwimmen im Wasser, und zwar durch Übung." (Henkus 2005)

3.2 Aufgaben

Am Beispiel eines Vortrages als klar abgegrenztem Präsentationsauftrag lässt sich dieser Punkt besser beleuchten. Nehmen wir an, dass eine gestandene Pflegedienstleiterin einen zehnminütigen Vortrag über die Ziele und Ergebnisse der Pflegestation im Aufsichtsrat eines Firmenverbundes halten soll.

Voraussetzungen:

a) Eine eindeutige Klärung über den Auftrag, über Inhalte und Bedingungen des Vortrages. Was sind die Bedürfnisse der Hörer? Der Aufsichtrat will sicherlich keine Details aus der Pflege, sondern positive Ergebnisse wirtschaftlicher Art, aber auch öffentlichkeitswirksame Informationen bzw. Daten zum Personal sowie eine Einschätzung der weiteren Entwicklung.

b) Die Zielgruppe sollte bekannt sein. Dann kann man seine Ausführungen dieser Gruppe anpassen und seine Medien daran ausrichten.

c) Vorhandene Medien planen und vorbereiten. Folien für den Tageslichtschreiber oder den Beamer erfordern unterschiedliche Vorkenntnisse. Oder sind die Hörer es überhaupt nicht gewohnt medienunterstützt informiert zu werden. Dann erst recht, um aufzurütteln, aber mit Abstimmung der einladenden Person. Menschen sind stark visuell ausgerichtet. Dementsprechend sollten wichtige Aussagen grundsätzlich visualisiert werden!

d) Raumplanung (Wo sitzt wer? Platz genug? ...) und Raumbedingungen (Belüftung? Licht? ...) spielen eine wichtige Rolle. Unbequeme Stühle können eine noch so gute Präsentation zunichte machen oder ein Stützpfeiler mitten im Raum kann die Sichtmöglichkeiten auf die Leinwand und die Vortragende erheblich einschränken.

e) Nur Vortrag oder auch Dialog? Grundsätzlich sollte es in einer Präsentation zur Optimierung der Beziehung auch einen Dialog bzw. ein Gespräch geben. Das wirkt bereichernd auf alle Beteiligten und bindet die vorgestellten Informationen besser im Gehirn.

f) Abschied und Ende? Soll die Vortragende den Raum im Anschluss des Vortrages verlassen oder im Raum bleiben? Wie ist die Verabschiedung ritualisiert?

Dieses Beispiel zeigt bereits deutlich, dass ein Vortrag aus vielen Aufgaben besteht. Mit Erfahrung und Routine werden viele dieser Punkte jedoch „ganz am Rande“ mit abgestimmt und kosten nicht viel Zeit.

3.3 Bedeutung des Referenten

Wie bereits beschrieben, nehmen Menschen viele Dinge besser visuell wahr. Optimal sind immer mehrere

„Sinneskanäle“, also das gesprochene Wort, ein gutes Bild oder etwas zum Anfassen und Erleben.

Medien sind also wichtig zur Unterstützung der Aussagen. Unterschätzt darf dabei jedoch nicht werden, dass ein zentrales Medium einer guten Präsentation die Vortragende selbst ist, mit ihrem Auftreten, dem Aussehen, der Körperhaltung, dem Blickkontakt sowie ihrer Mimik und Gestik. All das zusammen kann ungemein fesseln und die Aufmerksamkeit auf sich ziehen. Nur bei wirklicher Aufmerksamkeit werden vorgetragene Inhalte auch im Hirn der Zuhörer gespeichert und damit gelernt!

In Abstufung findet Lernen optimal statt, wenn ...

... etwas selbstständig getan wird (höchster Lerneffekt).

... etwas selbst gesagt wird.

... etwas gehört und gesehen wird.

... etwas gesehen wird.

... etwas nur gehört wird (geringster Lerneffekt).

Das nur Gehörte wird etwa zu 10 % gespeichert, während das selbst Ausgeführte mit bis zu 90 % gespeichert, also gelernt wird. Jeder Mensch hat eine individuelle Lernstrategie, doch im großen Durchschnitt sind diese Werte zu beachten.

Daraus ergibt sich die Aufgabe der methodischen Anforderungen an eine Präsentation.

Offensichtlich

» Wie sieht das Innere deines Hauses aus?"

„Sehr nett, Mulla, aber es ist leider nicht sonnig."

„Gibt es in der Nähe keine Sonne?"

„Doch, der Garten ist sehr sonnig."

„Warum ziehst du denn mit deinem Haus nicht in den Garten um? «

Quellennachweis:
Shah, Idries – „Die Karawane der Träume" – München 2001 – ISBN 3-89631-417-3

4. Der Ablauf einer Präsentation

Die Komplexität der Vorbereitung und zu bedenkenden Aspekte einer Präsentation werden am Beispiel einer Ideensammlung/Planung in Form eines Mind Maps auf den folgenden Seiten dargestellt.

In diesem Abschnitt geht es um den logischen Ablauf, um die Choreographie einer komplexeren Präsentation, die wie ein Tanz einen Beginn, eine Pflichtphase, die Kür mit eventuell freien und spontanen Teilen sowie einen Abschluss mit der Verabschiedung des Publikums haben sollte.

In einer Präsentation sind die Übergänge und bei größeren Veranstaltungen auch die Pausen gut zu planen. Zentrale Kommunikation, der fachliche Austausch, aber auch die Besprechung der in der Präsentation aufgestellten Thesen werden am besten in solchen Zeiten mit einer Tasse Tee/Kaffee unter den Teilnehmerinnen erläutert und diskutiert. Der Dialog ist nun einmal ein wunderschönes Geschenk solcher Prozesse.

Gerade in der pflegerischen Dienstleistung leben alle Beteiligten in einer Zeit enormer Umbrüche und ständiger Veränderungen. Da gilt es über gut gestaltete Lehrprozesse die Menschen zu unterstützen und „an die Hand zu nehmen". Machen wir uns immer klar, dass jede Veränderung, jede Neuausrichtung „uns Menschen" Angst macht, verunsichert und eine gewisse Abwehr hervorruft.

(sich) präsentiere
Der Körper als Medium
Mimik
Kleidung/Aussehen
Gestik
Blickkontakt
Körperhaltung
Methode(n)
Zeitplanung und Kultur
Länge des Vortrags
Länge der Gesamt-veranstaltung
Raum für Dialog
Catering
Raumplanung
Tische/Stühle
Beleuchtung
Zugang/ Orientierun
Raumklima, z.B. Belüftung

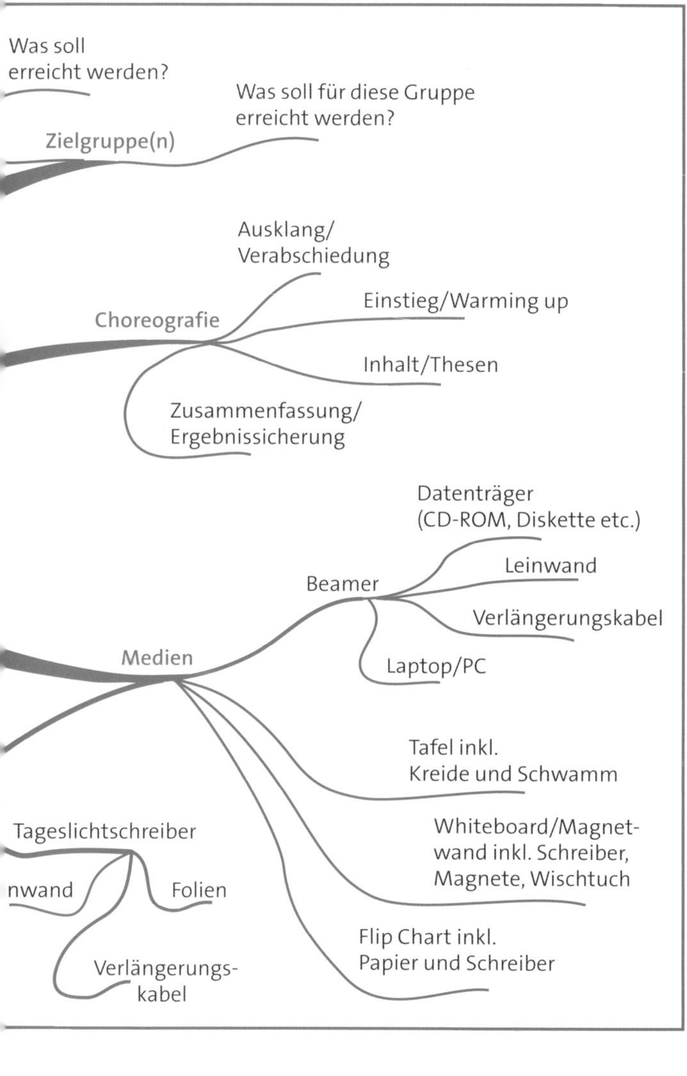
Was soll
erreicht werden?
Was soll für diese Gruppe
erreicht werden?
Zielgruppe(n)
Ausklang/
Verabschiedung
Einstieg/Warming up
Choreografie
Inhalt/Thesen
Zusammenfassung/
Ergebnissicherung
Datenträger
(CD-ROM, Diskette etc.)
Leinwand
Beamer
Verlängerungskabel
Medien
Laptop/PC
Tafel inkl.
Kreide und Schwamm
Tageslichtschreiber
Whiteboard/Magnet-
wand inkl. Schreiber,
Magnete, Wischtuch
nwand
Folien
Flip Chart inkl.
Papier und Schreiber
Verlängerungs-
kabel

Da können geschickte Informationsvermittlung, ein guter „Tanz“ in der Fortbildung eine große Hilfe sein.

Einer Präsentation einen Rahmen geben

„Übergänge sind – dies gilt auch für Erwachsene – Balancestangen des Lebens. Sie sorgen für Kontinuität durch Diskontinuitäten und Zwischenzustände. Sie determinieren das nahtlose Fortschreiten. Deshalb, weil sie der illusorischen Grenzenlosigkeit, genau wie der zwanghaft scharfen Abgrenzung, Widerstand entgegensetzen, werden sie nicht geliebt, nicht einmal respektiert, sondern immer mehr verachtet. Schade! Lasst die Übergänge leben!“ (Geißler 1998, S. 149)

4.1 Aufwärmphase

In den ersten Sekunden wird bestimmt, ob die Zuhörerinnen einer Präsentation den Referenten ernst nehmen und das Thema aufgenommen wird.

„Ein junger Lehrer betritt zum ersten mal selbstständig ... eine Schulklasse. Sie liegt vor seinem Blick wie ein Bild der Menschenwelt, so vielfältig, so widerspruchsvoll und so unzulänglich ... Aber da trifft sein Blick auf ein Gesicht, das ihm auffällt, es ist weder schön noch besonders intelligent, aber es ist ein wirkliches Gesicht ... Und er, der junge Lehrer, redet das Gesicht an ... die Antwort, die er bekommt, ist nicht die übliche Schülerantwort, sondern der Junge erzählt ... Dabei hat sich sein Gesicht verändert; es ist gar nicht mehr so chaotisch wie vorher.
Und die Klasse ist still geworden. Alle hören zu. Auch die Klasse ist nun kein Chaos mehr. Etwas ist geschehen."

Martin Buber

Der Humanist Martin Buber hat damit genau diesen ersten Schritt wunderschön erfasst. Der junge Lehrer in seinem Text kommt unsicher in die Klasse zum ersten Unterricht und es geht nun genau um diese „ersten Augenblicke", welche alles Weitere entscheiden. Er tut das Richtige und nimmt Kontakt auf, sieht einem Schüler in die Augen ... und es entsteht etwas Neues. Es beginnt ein Dialog im Kopf der beteiligten Menschen!

Für diese erste Phase ist das Warming up, die „Aufwärmphase“ wichtig. Hier sollte sich jede Referentin genaue Gedanken über den Einstieg machen und wichtige Fragen stellen:

- Was für ein Bild habe ich von meinen Zuhörerinnen?
- Wie will ich auf meine Zuhörerinnen wirken?
- Wie nehme ich Kontakt auf und „öffne Herzen“?
- Auf welches Ziel hin will ich präsentieren?

Immer bedenkend:
„Die Arbeit wird erst dadurch schön, dass sie Pausen, einen Anfang und ein Ende hat.“ (Geißler 1998, S. 36)

Es muss bereits in dieser Einstiegsphase an den weiteren Prozess gedacht werden. Viele Vorträge, Ansprachen und Produktpräsentationen überspannen den Geduldsbogen. Das führt zu Frust, Langeweile und Unaufmerksamkeit. Wichtige Dinge sollten in kurzen drei bis fünfminütigen Sequenzen verpackt werden, da dieser Zeitraum eine hohe Aufmerksamkeit bei allen Zuhörerinnen zulässt. Ob man diese unterbewussten Grundregeln einhält, wird ebenfalls zu Beginn des Auftretens definiert.

Der erste Kontakt findet durch unterschiedliche methodische Ideen statt:

Der Blickkontakt zum Publikum. Wichtig ist es, wirklich Augenkontakt zu haben, nicht nur oberflächlich „rumzublinzeln“. Mut zum Blickkontakt kann man im

Fahrstuhl oder beim Gang durch die City üben. Es ist ein wunderschönes Erlebnis, wenn man plötzlich mit einem fremden Menschen einen Augendialog führt. Man achte dabei auf die Gänsehaut an den Armen, wenn es bis in die Tiefe gelingt. Bitte nicht Starren, sondern mit „offenem Herzen gucken".

Das eigene Auftreten, Bewegung im Raum, sich nicht hinter Tischen oder einem Rednerpult verstecken ... „Einen anderen Menschen wahrnehmen verlangt, sich zu öffnen für eine fremde Welt und Abstand zu finden zum eigenen Ich; ermöglicht aber zugleich Mitteilung und Austausch zu einem Du." (Hoffmann-Gabel 1999, S.16) Statik führt zu Statik, am Publikum angepasste Bewegung ermöglicht wache Aufmerksamkeit!

Nicht zu unterschätzen ist sicherlich der erste äußere Eindruck, also die „ausgestrahlte Sicherheit", die Kleidung, die Frisur, alle äußeren Merkmale. Da kann eine „schrille Brille" oder der lange (gepflegte) Vollbart enormes auslösen. Ein hübscher, schöner oder schicker Mensch hat leichtere Möglichkeiten Herzen und bewusste Aufmerksamkeit zu wecken, wobei hier subjektive Empfindungen im Mittelpunkt stehen, keine objektiven Kriterien! Es ist genau abzuwägen, ob man sich den Geflogenheiten, Ritualen anpasst, also beim „Schaffermahl" im Bremer Rathaus selbstverständlich nicht im T-Shirt und kurzer Hose ankommt, oder als Provokatorin gezielt „Unruhe" auslösen will. Hier betritt man sehr „dünnes Eis". Provokation kostet grundsätzlich Energie und sollte als methodisches

Instrument nur bei absoluter Selbstüberzeugung und Erfahrung eingesetzt werden. Ansonsten gilt: „Selbstverständlich ist Authentizität die Geheimwaffe im überzeugenden Geschäftsauftritt, sie darf jedoch nicht zu Lasten des guten Geschmacks gehen." (Ruppert 2005) Also nicht in „Verkleidungen" auftreten und jede Form der Wirkung verlieren. Jede Präsentation sollte auch Spaß machen. Man sollte sich wohl fühlen, um die ganze Energie auf die Aussagen und auf das Publikum richten zu können. Da würde der „zwickende Anzug", die „zu enge Hose" oder der ungewohnte „Schlitzrock" evtl. das gesamte Auftreten zerstören! „Die prächtigste Fassade bricht früher oder später zusammen, wenn ihr der Mensch nicht gerecht wird. Aussehen, Auftreten und Verhalten sollten Hand in Hand gehen." (Ruppert 2005)

Rituale und Auslöser für Wohlbefinden kennen wir alle. Sie erleichtern den Umgang miteinander ungemein. Das ist bereits im Kindergarten der „Morgenkreis", das „gemeinsame Lied" oder in der Kirche das Gebet. Auch Begrüßungen sind sehr individuell und außerordentlich bunt ritualisiert. Da gibt es das offene Winken mit der coolen Anmerkung „Hey Alter" oder den Handschlag, das Reiben der Nasen oder die kurze Begrüßungsumarmung und vieles mehr. Was an einem Ort gut und richtig ist, kann andernorts zu absoluter Abneigung führen. Also sollte man sich unbedingt auf die jeweilige Zielgruppe ausrichten in der Präsentation. Rituale sind erleichternde Signale mit klaren gruppenweiten Ergebnissen. Im Gebet sind alle Menschen still und auf das Spirituelle ausgerichtet (im

Großen und Ganzen). So öffnet zum Beispiel ein gemeinsames Lied die Herzen und bündelt die Einzelnen zu einer Gruppe.

Eine kleine Geschichte, Anekdote, ein passender, humorvoller Witz, ein passendes Zitat aus der Tageszeitung oder Ähnliches mehr öffnet ebenfalls Herzen und schafft Aufmerksamkeit. In Verbindung mit einer rituellen Form des Vortragens verbinden sich diese beiden Punkte effektiv und erleichtern den weiteren Einstieg. Ideen und Anregungen für solche Geschichten und Zitate finden sich im Buch verteilt und in den Literaturempfehlungen im Abschnitt 7.

Vergessen werden sollte bei all dem Beschriebenen nicht, dass „menschliche Wahrnehmung (...) subjektiv und ichbezogen (ist), d.h. ausgehend von der eigenen Person: jeder Mensch sieht, hört, fühlt und denkt, hat ein Bewusstsein seiner selbst – verstanden als innerer Prozess der Auseinandersetzung mit der eigenen Innenwelt und der fremden Außenwelt." (Hoffmann-Gabel 1999, S. 17) Es gilt also den „Tanz zwischen eigenen Strukturen, Qualitäten, Ideen" und denen der Zuhörerinnen zu leben.

Keinesfalls sollte die Wichtigkeit eines gelungenen Anfangs unterschätzt werden!

4.2 Themenbearbeitung

Es geht darum, die eigentlichen Inhalte zur Vermittlung in kurzen präzisen und gut verständlichen Worten darzustellen. Immer dabei an die Zuhörerinnen denken, sich also empathisch in sie einfühlen.

Dazu sind folgende Fragen hilfreich:

- Was sind die wirklich wichtigen Aussagen in meiner Präsentation?
- Welche Hintergrundinformationen würde ich benötigen, wenn ich Zuhörer meines Vortrages wäre?
- Wie viel Informationen könnte ich als Zuhörerin in der kurzen Zeit aufnehmen und behalten?
- Was würde mich als Zuhörerin am Thema am meisten interessieren?

Auf diesem Wege sind die notwendigen Inhalte von zuviel Ballast zu trennen und die Kernaussagen zu formulieren. Kurz und bündig ist besser, als ausführlich und umständlich ausgedrückt!

Einige Thesen zum Beginn des Thementeils könnte man als „Pflicht" erfassen, um die Zuhörerinnen von vornherein auf eine „Spur zu bringen". Die Kür wäre dann die am Publikum ausgerichtete textliche und visuelle Erläuterung dieser Thesen oder Kernaussagen.

Auf jeden Fall sollten die Kernaussagen durch Betonung und am besten auch bildlich dargestellt werden, aber dabei ist Vorsicht geboten. Es darf in einer Präsentation nicht nur wichtige Aussagen geben, da dann die Zuhörerinnen keine Prioritäten mehr erkennen können und ermüden. Wichtig ist die Ausgewogenheit von „lockeren Informationsteilen“ und den wirklich wichtigen Aussagen. Vor diesen sollten immer gewisse „Aufrüttler“ kommen, also alle Zuhörerinnen wieder „geweckt“ werden. Das kann eine Veränderung in der Stimme, der Schritt aufs Publikum zu, ein witziges Bild als Folie oder ein humorvolles Zitat sein. Humor öffnet alle Herzen und Lachen ist eine optimale Voraussetzung für Lernen. Es darf also ruhig gelacht werden!

„Sie kennen die Situation: Sie brauchen einen geschickten Einstieg für eine Rede, wollen ein Gespräch auflockern oder komplizierte Argumente auf den Punkt bringen – wie oft sucht man nach einem griffigen Spruch oder eine passende Anekdote. Schön, wenn man dann Geistesgrößen oder Fachleute sprechen lassen kann.“ (Fichtl 2001, Seite VII)

Beachten Sie in Fernsehsendungen den Moderator einer Show oder den Auftritt einer Schauspielerin. Anhand dieser Praxisbeispiele kann viel gelernt werden über den eigenen Geschmack der Präsentation und über Möglichkeiten, welche einmal selbst ausprobiert werden können. Nur dabei nicht „nachäffen“, sondern Ideen aufnehmen, die Ihnen wirklich gefallen und zu Ihrer persönlichen Struktur passen.

Wichtig ist in diesem inhaltlichen Teil der Präsentation ein gutes Zeitgefühl. Verschwendet man mit ausufernden Texten die Lebenszeit der Zuhörerinnen, wird jeder positive inhaltliche Effekt im Frust versinken. Also Disziplin und eine Uhr in der Nähe. Bei wichtigen Vorträgen ist auch mit viel Erfahrung ein lauter Übungsdurchlauf zu Hause vorab eine gute Grundlage, um ein besseres Zeitgefühl zu bekommen. Als grobe Linie kann man für eine getippte Textseite (Schrift in 12 Punkt) mit deutlichem Rand rechts/links fünf Minuten Vortragszeit planen.

Im Gesamtablauf der Präsentation gilt der „Ratschlag aus der Schweiz: Plant Eure Tage wie ein Stück Emmentaler Käse: Viel Festes und große Löcher für all das, was man nicht planen kann und will. Wenn Ihr das tut, dann müsst Ihr nicht immer die Zeit suchen, sondern könnt Euch mal von der Zeit suchen lassen." (Geißler 1998, S. 37)

4.3 Ausklang

Verabschiedung ist ebenfalls etwas sehr Rituelles in der Arbeit mit Gruppen. Ein Dank an die Zuhörer, eine letzte kleine Anekdote und ein wirklich klares Ende durch Betonung, Bildmaterial, Licht o. Ä. erleichtert das Ausklingen für alle beteiligten Personen. Zu beachten ist dabei, dass „die Kunst des Zitierens (nicht nur darin), besteht (...) Zitate zu finden und zu wissen, von wem sie stammen. Ebenso wichtig ist es, die gefundenen Zitate auch geschickt einzusetzen." (Fichtl 2001, Seite VII)

Ein gutes Ende wird oftmals damit eingeleitet, dass die im Hauptteil aufgestellten Thesen kurz wiederholt und bewertet werden. Wiederholung ist ein wichtiges methodisches Mittel, da Lernen im biologischen Sinne erst nach Anknüpfung an bereits bestehendes Wissen und in der Verarbeitung über Ultrakurzzeit- , Kurzzeit- und Langzeitgedächtnis funktioniert. Neues können Menschen nur lernen, wenn es irgendwo im Hirn bereits Assoziationsmöglichkeiten, Bilder, Ideen, vergleichbare Informationen oder Ähnliches gibt. Das macht Lernen so schwierig und stellt an die Vermittlung von Wissen bzw. Informationen höchste Anforderungen! Als Tipp zur Vertiefung dieses Bereiches ist das Buch „Denken, Lernen, Vergessen“ von Frederic Vester zu empfehlen *(siehe Abschnitt 7)*.

Genau aus diesem Grund darf ein guter Abschluss nicht unterschätzt werden:
„Die Schlussphase Ihrer Präsentation bleibt am längsten im Gedächtnis der Zuhörer. Verwässern Sie nicht die Wirkung, indem Sie nicht zum Ende kommen, x-mal zusammenfassen oder ohne eine gute Schlussaussage abrupt abbrechen.“ (Forsyth 1998, S. 54)

Mit dem Abschluss schließt sich der Kreis des Tanzes. Anfang, Pflicht, Kür und Ende gehören zum Gesamtbild:
„Der Anfang, so die eindeutige Botschaft, ist nichts ohne Abschluss. Beginnen kann man nur, wenn man endet. Die Ruhe ist Teil der Aktivität, das Ausruhen gehört zur Arbeit. Durch sie vollendet sich alles. Nicht Ruhe statt Arbeit ist die Symbolik, sondern Ruhe als unverzichtbarer Teil der schöpferischen Arbeit.“ (Geißler 1998, S. 99)

Es fällt kein Meister vom Himmel

» Ein Zauberkünstler führte am Hofe des Sultans seine Kunst vor und begeisterte seine Zuschauer. Der Sultan selber war außer sich vor Bewunderung: „Gott, stehe mir bei, welch ein Wunder, welch ein Genie!"

Sein Wesir aber gab zu bedenken: „Hoheit, kein Meister fällt vom Himmel. Die Kunst des Zauberers ist die Folge seines Fleißes und seiner Übungen."

Der Sultan runzelte die Stirn. „Du undankbarer Mensch! Wie kannst du behaupten, dass solche Fertigkeiten durch Übung kommen? Es ist wie ich sage: Entweder man hat das Talent oder man hat es nicht. Du hast es jedenfalls nicht, ab mit dir in den Kerker. Dort kannst du über meine Worte nachdenken. Damit du nicht so einsam bist und du deinesgleichen um dich hast, bekommst du ein Kalb als Kerkergenossen."

Vom ersten Tag seiner Kerkerzeit an übte der Wesir nun, das Kalb hochzuheben, und trug es jeden Tag über die Treppen seines Kerkerturms. Die Monate vergingen dabei.

Eines Tages erinnerte sich der Sultan an seinen Gefangenen. Er ließ ihn zu sich holen. Bei seinem Anblick aber überwältigte ihn das Staunen: „Gott, stehe mir bei, welch ein Wunder, welch ein Genie!“

Der Wesir, der mit ausgestreckten Armen einen Stier trug, antwortete mit den gleichen Worten wie damals: „Hoheit, kein Meister fällt vom Himmel. Meine Kraft ist die Folge meines Fleißes und meiner Übung. «

Quellennachweis:
Reichel, Gerhard – „Der Indianer & Die Grille“ – Forchheim –
ISBN 3-92324-103-8, Seite 25
Verlag Brigitte Reichel, Goethestraße 1, 91301 Forchheim

5. Präsentationstechniken

Methoden sind lernbar! Es liegen viele Erfahrungen zum Umgang mit methodischen Vorschlägen vor. Der folgende Abschnitt soll davon einen Teil darstellen und „Spuren setzen". Es geht um Ideen und Erfahrungen. Lernen kann diese Methoden niemand aus einem Buch, sondern nur in der Anwendung. Es soll zum Ausprobieren und Testen einladen. Jede Leserin sollte die für sie guten Wege raussuchen und andere sein lassen. Nichts ist dabei fertig und stellt abschließendes Wissen dar, sondern individuelles Erfahrungswissen des Autors und anderer Fachleute.

Eine gute Präsentation lebt davon Menschen zu „berühren", also „ein kleines Flämmchen in ihnen zu entzünden". Zuhörerinnen wollen bewegt werden, wollen Neues erfahren, aber auch eigene Ideen bestätigt bekommen. In der Kommunikation ist der Aspekt nicht zu unterschätzen, den der Kommunikationsfachmann Paul Watzlawick aufzeigt: „Die Langeweile ist die verdünnteste Form von Angst und Leere. Daher unsere dauernde Suche nach dem Sinn." (Watzlawick 1997, S. 64)

Kommunikation ist für die Auseinandersetzung mit der „Sinnfrage" eine existentielle Herangehensweise. Sicherlich führt diese Spur auch zu einer Erklärung für den allgemein hohen Konsum von Fernsehunterhaltung (Shows, Serien, Actionfilme usw.) und vielen anderen Formen des reinen Konsums. Dabei geht es darum von der eigenen Aktivität und Verantwortung abzulenken. Auch Zuhörerinnen bei

Vorträgen und Fortbildungen sind oftmals sehr auf Konsum aus. Die Präsentation in der sozialen Arbeit gelingt dann optimal, wenn sie eine Ausgewogenheit zwischen Konsumbedürfnis und aufrüttelnden Inhalten bietet, also zu eigener Beteiligung und eigenem Mitdenken der beteiligten Menschen anregt.

5.1 Medien und Methoden

„Wenn ich in den Spiegel schaue, wen sehe ich da? Mich selbst, so wie ich bin oder so, wie ich sein möchte? Und was ist mit den Gesichtern, die ich schneide? Zeigen sie jemand anderen oder immer noch mein eigenes Ich, mit dem ich vor dem Spiegel experimentiere, neugierig, die eigene Vielseitigkeit zu entdecken? Alle diese Gesichter stellen Möglichkeiten im Fächer unserer Persönlichkeit dar." (Molcho 2003, S.7)

„Ich" stehe in einer Präsentation im Mittelpunkt der Aufmerksamkeit. Man möge sich an die vielen Fortbildungen, Referate, an die Lehrerinnen aus der Schulzeit, an Moderatoren aus dem Fernsehen oder auch im Radio erinnern und eine Bewertung vornehmen, an welche dieser Personen man sich noch genauer erinnert. Die These ist ganz eindeutig: Erinnerung ist daran geknüpft, dass diese Person als *Mensch* trotz der vermittelten Ideen und Inhalte im Mittelpunkt stand. Der Chemielehrer aus der siebten Klasse erobert sich Raum in unserem Langzeitgedächtnis durch die Explosion einer Versuchsreihe und seine individuellen Reaktionen darauf. Alle Menschen suchen

Persönlichkeiten als Vorbilder, Reibungspunkte und Träger von „den richtigen Ideen“.

In diesem Sinne sind Medien also Träger von Informationen und Mittler zwischen den Inhalten, der Referentin und den Zuhörerinnen. Nicht mehr ... und nicht weniger. Medien unterstützen. Sie schalten andere, neue Sinne in das Geschehen ein und schaffen Anknüpfungspunkte und Bilder zur Erinnerung.

Methoden wiederum beschreiben den Weg zur Erreichung eines (definierten) Zieles. Es geht dabei um gezielte, geplante Verfahrensweisen. Insbesondere im pädagogischen Sinne werden damit „die Lehr- und Unterrichtsverfahren“ bezeichnet.

Da Präsentationen keineswegs nur zur Vermittlung von Unterrichtsstoff eingesetzt werden, sondern wesentlich häufiger Repräsentations- oder Marketingzwecken dienen (und vielen anderen Zielen mehr) geht es allgemein darum, gezielt die Methoden zur „Selbst- und Sachdarstellung“ einzusetzen.

5.2 Der Mensch als Medium

Die Persönlichkeit der Referentin steht eindeutig bei jeder guten Darstellung im Mittelpunkt. In diesem Sinn sind alle Hilfsmittel zum „Verbergen der Referentin“, also große Rednerpulte, Tische, Abdunkelungen bei Diashows u. Ä. grundsätzlich kritisch zu sehen. Sie dürfen nur eingesetzt werden, wenn die Referentin sehr stark ist und sich trotzdem als Person durchsetzt und für das Publikum präsent bleibt!

Menschen wollen Menschen! Zahlreiche Vorträge bleiben ohne jede Erinnerungsspur in unseren Köpfen, weil diese Erinnerungen nicht mit einer Persönlichkeit zu verknüpfen sind, sich also kein Bild dazu einstellt.

Sich selbst im Mittelpunkt zu spüren ist durchaus mit Lustgefühlen und enormer Energie verbunden. Samy Molcho als Kommunikationsexperte und Pantomime stellt diesen Zusammenhang dar:

„Die Sucht.
Öffentliches Image kann, ebenso wie der publikumsträchtige Auftritt, zu einer Art Sucht werden. Die Anspannung sorgt für einen Adrenalinausstoß, der einem Rausch ähnlich sein kann. Das intensive Erlebnis, das man dabei empfindet, möchte danach niemand mehr missen. Deswegen fällt es den meisten Prominenten so schwer, irgendwann aufzuhören. Und so rennen sie jedem Auftritt hinterher.“ (Molcho 2003, S. 11)

Ein Urwunsch jedes Menschen ist es Spuren zu hinterlassen. Das macht die Endlichkeit des Lebens ein klein wenig erträglicher. Spuren bleiben dabei in der Familie, in den eigenen Kindern, aber auch in Form von Erinnerung in Arbeitsprozessen, in Veröffentlichungen, im eigenen Haus oder vielen anderen Dingen mehr. Hierein fällt aber auch die Erinnerung von Menschen an eine gute Präsentation oder

Darstellung, an die Selbstsicherheit oder den Gag einer „Persönlichkeit". Es ist beruhigend, dass alle Menschen grundsätzlich die körperlichen und mentalen Möglichkeiten haben, sich darzustellen.

„Jeder von uns verfügt über die gesamte Palette von Gefühlen und Eigenschaften, die über unsere Körpersprache in Erscheinung treten können. Was uns charakterisiert, ist die Rangordnung, die wir den Möglichkeiten einräumen. Zum Teil bestimmen sich die entsprechenden Prioritäten durch Erziehung und allgemeine Sozialisation, zum Teil sorgen wir selbst für die Reihenfolge." (Molcho 2003, S. 10)

In diesem Sinne wird im Folgenden die Person der Referentin als Medium in den Mittelpunkt gestellt und in drei Bereichen vertieft.

5.2.1 Körpersprache und Outfit

„Wenn wir davon ausgehen, dass jedes Detail an unserem Äußeren einen Hinweis auf unseren Lebensstil, unsere gelebten Werte und unseren persönlichen Geschmack gibt, dann sind auch modische Details textile Signale." (Ruppert 2005, S. 39)

Äußerlichkeiten bestimmen ganz wesentlich die ersten Momente jeder Begegnung zwischen Menschen. Da spielen sich in Sekunden sehr viele Dinge ab. Vergleiche mit Bildern aus der Vergangenheit, Vorurteile aus der eigenen Sozialisation und dem sozialen Umfeld. Kleiderordnungen

sich in Szene setzen ... Stefan Block als Wikinger bei Haithabu an der Schlei

können in bestimmten Kreisen extrem streng sein, ohne nachvollziehbare Erklärungen und Gründe. Im allgemeinen Geschäftsleben gilt noch immer der Anzug und das Hemd mit Schlips als Standard. Wer dagegen verstößt bekommt keinen Kontakt! Ausnahme ... man bringt eine sehr starke Persönlichkeit ein oder hat etwas ganz besonderes zu bieten. Grünenpolitiker Joschka Fischer hat gezeigt, dass man auch als Turnschuhträger etwas werden kann, obwohl er sich dann doch sehr stark dem Establishment angepasst hat. Auch Microsoft Milliardär Bill Gates ist auf unzähligen Fotos im Rollkragenpullover oder dem lockeren Freizeithemd abgebildet. Es kommt also letztlich darauf an mit welcher Sicherheit man zu sich selbst steht, was man erreichen will und was man bereits für eine Position in der Hierarchie des sozialen Umfeldes einnimmt.

Kleiderordnungen sind also konkret auf die Kunden der Präsentation abzustimmen. Wichtig bleibt die Echtheit im Auftreten. Es gibt auch Grenzen für den Einsatz „künstlicher Außendarstellung“. Zwischen den individuellen Ideen und Bildern vom Outfit und denen der Zielgruppe sind Kompromisse zu treffen. Wollen wir diese Zielgruppe erreichen, dürfen wir sie nicht verprellen und damit die Chance zur Vermittlung wichtiger Aussagen zunichte machen.

Ein Beispiel verdeutlicht dies:

„Vergleichende Studien aus der Wahrnehmungspsychologie beweisen, dass der persönliche Eindruck umso intimer ausfällt, je mehr nackte Haut sichtbar ist. Werden zum unbestrumpften Bein noch ärmellose Oberteile und luftige, transparente Stoffe kombiniert, was bei höheren Temperaturen ja oft vorkommt, kann die Trägerin nicht mehr hoffen, in erster Linie als kompetent und professionell wahrgenommen zu werden.“ (Ruppert 2005, S. 38)

Diese Vorurteile spielen sich in allen Menschen ab, egal aus welchem kulturellen Umfeld oder aus welchem Arbeitsbereich. Jede Berufsgruppe, Lebensumwelt entwickelt eine „eigene“ Kultur mit entsprechenden, meist unausgesprochenen Regeln zum Auftreten und zur Kleidung. In der Pflege ist das mit dem „Weißzeug“ oder dem „Schwesternkäppi“ nicht anders. Vorurteile erleichtern dem Umfeld und den Mitgliedern einer Gruppe grundsätzlich Entscheidungen, schaffen Vertrauen und Sicherheit. Das ist durchaus in gewissem Umfang legitim und notwendig. Man erspart sich dadurch das ständige Hinterfragen des Außenbildes, fügt sich in eine Gemeinschaft ein, wird „Eins" mit anderen. Das ist ein gutes Gefühl und schafft Sicherheit. Wer auffallen will, wird einsamer, jedoch auch präsenter. Man denke dabei an Elton Johns irre Brillen oder andere schrille äußerliche Symbole wie die ersten Piercings. Daraus entwickeln sich jedoch oftmals wieder Moden und homogene Gruppendarstellungen.

Wichtig ist, in der Präsentation einen eigenen Stil zu finden und sich mit Einfühlungsvermögen auf die Zielgruppe einzustellen.

„Was für die Kleidung gilt, trifft auch für den Bewegungsablauf zu. Alle Gesten stehen in Beziehung zu dem gewünschten Image. Sie sind zwar situationsbedingt, stehen aber in einer Wechselwirkung zur aktuellen Situation, behalten aber auch ihre Bedeutung für die Person und deren Wirkung im Allgemeinen." (Molcho 2003, S. 9)

Der Körper ist schlicht der Träger unserer Seele und Psyche. Menschen können nur bedingt den Körper „bezwingen", also abtrennen vom psychischen und seelischen Zustand zum aktuellen Zeitpunkt. Gerade in der Beobachtung von Kindern lässt sich dieses ausgezeichnet wahrnehmen. Stimmungsschwankungen werden sofort und ohne Verzögerungen körperlich gelebt. Lachen geht in Weinen über und in kürzester Zeit auch wieder in Lachen. Ein Kind lernt erst im Laufe seiner Sozialisation sich anzupassen, die internen Zustände in sich zu beobachten und zu „lenken".

Vollkommene Beherrschung des Körpers wird uns kaum gelingen und würde außerordentlich abstoßend von anderen wahrgenommen werden. Drill und Kadavergehorsam sind isolierte Methoden militärischer Kultur. Diese Menschen wirken „kalt und leblos“. Zum Glück wird ein solcher Zustand selbst in massiv trainierten Kreisen nur bis zu einem bestimmten Punkt durchgehalten. Letztlich siegt die Natur und es werden unbewusste Körpersignale auftauchen.

In der Präsentation gilt es ganz im Gegenteil echt zu bleiben. Locker bei lockeren Aussagen, aber auch einmal angespannt, wenn etwas bedrohliches, angstbesetztes ausgesagt wird. Die Zuhörerinnen werden diese Körpersprache wahrnehmen und mit den verbalen und visuellen Inhalten verknüpfen. Das erhöht die Merkfähigkeit, das Erinnern ausgesprochen stark. Es entstehen „ganzheitliche Bilder“ der getroffenen Aussagen.

Die Präsentation beginnt bereits mit dem Stehen.
„Aus der Art aufrechten Stehens lassen sich Variationen der Körperaussage und der menschlichen Eigenart ablesen. Wer auf beiden Fußsohlen in gutem Kontakt mit dem Boden steht und in der Haltung das Gefühl von Festigkeit vermittelt, ist in der Regel auch ein realistischer Mensch. Er weiß, wo er steht, er steht mit beiden Beinen auf der Erde. Greifen dagegen die Zehen in die Erde – was man der Schuhe wegen meist freilich nur aus der Veränderung des Muskeltonus erschließen kann – so ist das ein Zeichen der Unsicherheit: Als ob der Boden unter den Füßen

wegrutschen könnte. Solche Menschen werden sich auch an ihre Meinungen und Vorstellungen klammern." (Molcho 1993, S. 75)

Der Kontakt zum Boden hat erhebliche Auswirkungen auf die gesamte Präsentation. Man beobachte einmal Menschen nur im Hinblick auf ihren Stand. Bei Streitgesprächen oder beim Trinken eines Kaffees am Stehtisch im Betrieb. Es entsteht sofort ein Bild der inneren Stimmung beim Betrachter und wir stellen uns bei der Kontaktaufnahme darauf ein. Der Boden (die Erde) ist wie ein gigantischer Energieraum, eine Batterie aus der Menschen im Kontakt mehr oder weniger Kraft ziehen können. Geeignete Übungsfelder dieser Idee sind asiatische Meditationsmethoden wie Yoga oder „Schattenboxen". Es geht dabei um das Gefühl für den eigenen Körper, Beherrschung des Körpers im Raum, aber auch um Verbindungen von seelischen Zusammenhängen und dem Körper als „Hülle des Ichs". Beherrschung ist nicht gleichzusetzen mit oberflächlicher Unterdrückung, sondern eher mit dem Verständnis des eigenen Ichs.

Unterschätzen wir nicht:
„Was wir sind, sind wir durch den Körper. Der Körper ist der Handschuh der Seele, seine Sprache das Wort des Herzens. Jede innere Bewegung, Gefühle, Emotionen, Wünsche drücken sich durch unseren Körper aus. Was wir Körperausdruck nennen, ist der Ausdruck innerer Bewegungen." (Molcho 1993, S. 21)

Was für den Stand wichtig ist, gilt auch für jede Form der Bewegung. Immer gilt es ein Gefühl für Bodenkontakt zu haben und für das (innere) Gleichgewicht. Einbeinig sicher stehen. Geht das noch? Wie lange? Mit welchen Ängsten verbunden? In der Beobachtung von Kindern können Erwachsene wieder lernen. Der Hocksitz auf beiden vollen Fußflächen ist am Boden sehr effektiv. Oder beobachten wir einmal die entspannte und angstfreie Bewegung auf einer schmalen Mauer. Verspannungen entstehen erst, wenn Angst wahrgenommen wird. Dann verkrampfen sich die Muskeln und die Haltung wird schief, unsicher und verliert ihre Stimmigkeit. Angst verhindert also in einer Präsentation den Lernerfolg. Zum Aufnehmen von Informationen benötigen Menschen Offenheit, Spaß und einen guten Wechsel von lustvoller Spannung und Entspannung. Das alles macht Angst zunichte!

Eine Präsentation lebt davon, den Körper in einer inhaltlichen stimmigen Form „leben zu lassen“, ohne Ängste auszulösen. Gerade in führender Position sollte dieser Zusammenhang nicht unterschätzt werden. Häufige Dienstanweisungen, bedrohliche Positionierungen oder Machtgefälle verhindern das Aufnehmen der Information und führen zum Frust aller Beteiligten. Der breitbeinige Chef, der mit einem sonoren Bass die Mitarbeiterin in ihre „Grenzen weißt“, löst automatisch unzählige negative, bedrohliche und kontraproduktive Emotionen aus. Lernen findet so jedenfalls nicht statt.

Der Körperstatus ist sowohl für Lehrende als auch für Hörende von großer Bedeutung. „Wenn jemand locker ist, nimmt er Informationen leichter und genauer auf; ist er verkrampft, geht das nur langsam und lückenhaft. Jemand ist aufgeschlossen oder verschlossen, sagen wir dann. Doch wir sollten es nicht bei dieser Feststellung bewenden lassen. Es gibt unzählige Ursachen für solche Verkrampfung – Autoritätsangst oder Leistungszwang, Müdigkeit oder Erschöpfung. Sobald wir dem Gesprächspartner anmerken, dass er verkrampft, sollten wir nicht mehr annehmen, dass er unsere Informationen aufnimmt. Dann wird es besser sein, eine Pause zu machen oder den vereinbarten Termin auf einen anderen Tag zu verschieben.“ (Molcho 1993, S. 39)

Gerade in der pflegerischen Tätigkeit sind Krankheiten des Bewegungsapparates sehr verbreitet. Durch die zum Teil noch immer schwere körperliche Arbeit sind Verspannungen eher an der Tagesordnung. In der ambulante Pflege können oftmals nicht sofort Hilfsmittel zur Unterstützung der Pflege eingesetzt werden. Pflegekräfte sind „Gäste im Lebensbereich der Kunden“ und müssen sich auf diesen Umstand einstellen. Rückenschonendes Arbeiten und die Selbstpflege sind zentrale Gesundheitsförderungsmaßnahmen. Grundsätzlich ist jede Fehlhaltung mit Verlusten in der Körperharmonie verbunden. Auch ständiges Sitzen, viel Computer- oder Fernsehzeit oder andere einseitige Körperhaltungen erschweren den sicheren Auftritt für die Referentin. Entspannung, Selbsterkenntnis, Disziplin in der Förderung und Pflege des Körpers stellen zentrale Möglichkeiten der Förderungen eines guten und sicheren Auftretens dar.

Der Stand als eher statische Position im Raum ist die Basis für Bewegung. Wollen wir Menschen „bewegen" in der Präsentation, ist auch die Veränderung der Referentin im Raum eine Chance zur Erhöhung der Aufmerksam. Durch die Bewegung wird das Publikum „wach" und folgt bei geschicktem Einsatz dieser Raumveränderung den Vorgängen wieder. Ein Schritt auf die Hörerinnen eines Vortrages zu. Der Gang in Richtung der Leinwand bei einer Visualisierung. All das verändert die Aufmerksamkeit, was jede Leserin an sich selbst gut beobachten kann.

Es ist also erlaubt, sich auf einer Bühne, in der Fortbildung, bei einer Dienstbesprechung zu bewegen. Eigene Erfahrung haben dazu geführt, grundsätzlich keinen Unterricht, keine gezielte Präsentation im Sitzen durchzuführen. Der Stand und die Bewegung im Raum sind wunderbare und sehr einfache „Aufmerksamkeitsfänger".

Zur Bewegung gehört auch die Gestik, also der Einsatz der Hände und Arme bei der Kommunikation. Hände sind ebenfalls Träger der eigenen Stimmung. Werden die Hände in die Hosentaschen gesteckt, wird übertriebene Lässigkeit oder Angst präsent. Zappelnde Armbewegungen nerven die Zuhörerinnen schnell und ermüden. Geschlossene Arme signalisieren Verschlossenheit, also die Abgrenzung vom Publikum. Das ist schnell das Ende einer sinnvollen Kontaktaufnahme in einer Präsentation. Es gilt also die Hände sichtbar zu halten und gezielt und maßvoll passend zu den Aussagen einzusetzen.

Neben der allgemeinen Körperhaltung und -ausstrahlung gilt der Kopfbereich als zentraler Punkt der Fokussierung der Zuhörerinnen einer Präsentation. Der Blickkontakt, die Kopfhaltung, die Zugeneigtheit sagen allen Betrachtern sehr viel. Zudem „tragen wir (im Kopf) vom Auge bis zur Zunge alle Sinnesorgane, die uns Informationen geben, und das Gehirn, das zentrale Organ der Speicherung und Entscheidung. Seine Beziehung zum Hals schildert eine Parabel aus dem Fernen Osten. Da stritten sich Mann und Frau, wer von ihnen das Sagen habe. Der Mann behauptete: Ich bin der Kopf und entscheide. Und die Frau erwiderte: Ich bin nur der Hals, aber ich bewege dich, wohin ich will ..." (Molcho 1993, S. 111)

5.2.2 Mimik und Blickkontakt

Das Gesicht wirkt in der Großaufnahme immer besonders stark. Gute Filme leben von diesem zentralen Effekt, der Schaffung von Charakteren, von Menschen mit einer echten Identität und geben damit Identifikationsmöglichkeiten. Das findet in einem gewissen Rahmen auch bei einfachen Präsentationen statt. Sogar beim „Small Talk" in den Pausen findet dieses mimische Spiel statt und löst mehr aus, als es Sprache jemals kann.

Als Brillen- und Bartträger sind eigene Erlebnisse mit Kindern sehr berührend gewesen. Angst war leider manchmal der Effekt, weil die Kinder der Augen- und Mundpartie ein sehr großes Gewicht in der Erkennung und Einschätzung der „fremden Person" beimessen. Das wird sicherlich auch bei Erwachsenen noch so sein, nur das diese in ihrer Sozialisation ein breiteres Spektrum an möglichen Einschätzungen gelernt haben.

Eine Präsentation lebt also auch vor großen Gruppen von der Ehrlichkeit der Mimik. Das Lächeln in den Augenwinkeln oder der schräg gestellt Kopf lösen zeitnah Emotionen beim Publikum aus. In der Nähe sind sehr große Pupillen als Zeichen möglicher Angst zu erkennen. Da Lachen und auch das dezente Lächeln immer eine größere Offenheit signalisieren, können damit Herzen erreicht werden. Doch Vorsicht! Das künstliche „Politiker-Zähne-Fletschen" ist eher bedrohlich (Will der mich beißen?) oder lächerlich, da unecht. Das erkennt jeder Mensch auf Anhieb. Lächeln muss echt sein, also aus dem Herzen der Referentin kommen. Das bedeutet, es ist im Bereich der oberen Gesichtspartie, der Augenwinkel deutlich wahrzunehmen, nicht nur in den Mundwinkeln.

Doch auch der ernste Gesichtsausdruck hat seine Zeit. Trauer im Zusammenhang einer traurigen Botschaft sollte klar erkennbar sein für die Zuhörerinnen.

Ein gutes Übungsfeld dafür ist die Beobachtung von Fernsehstars. Man beobachte mal das schiefe, doch sehr beeindruckende Gesicht von Inspektor Columbo und die klasse Körpersprache des Schauspielers Peter Falk dabei. Schönheit liegt im Gesichtsfeld keineswegs in der Glätte oder Farbpalette (meist künstlich) der Haut, sondern wesentlich mehr in der passenden Struktur der Falten und des Gesamtbildes. Alte Gesichter können wunderschön sein.

Neben diesen mimischen Grundlagen spielt der Blickkontakt eine zentrale Rolle beim Präsentieren. Ohne einen Kontakt über die Augen ist auch eine Kontaktaufnahme kaum möglich oder zumindest enorm erschwert. Das haben Produzenten im Fernsehen schon lange erkannt und Moderatorinnen, Nachrichtensprecher und andere Präsentationsprofis sehen klar in die Kamera, versuchen förmlich durch das Fernsehen Blickkontakt mit den Zuschauern aufzunehmen. Das wirkt.

Beim eigenen Auftritt sollte also immer der Blick ins Publikum schweifen, zwischendurch auch kurze Zeit die Augen eines Menschen berühren. Das sind Begegnungen. Das schafft Nähe, trotz Distanz. So steigt die Aufmerksamkeit. Daraus folgt jedoch, dass auf keinen Fall trocken Text abgelesen werden darf bei einem Vortrag oder einer Ansprache. Die Referentin darf auch nicht hinter dem Beamer „verschwinden". Das sind „Blickkontaktvernichter" und damit „Aufmerksamkeitskiller". Das Publikum konsumiert und dämmert so dahin, mit eigenen Gedanken und ganz anderen Themen beschäftigt.

Mut zum Kontakt ist eine Voraussetzung einer guten (Selbst)Darstellung. Der Blick spielt dabei eine zentrale Rolle.

5.2.3 Sprache

Die Sprache ist eine der kompliziertesten Vorgänge in unserem Gehirn. Sprache ist in ihrer Struktur vollkommen unlogisch und willkürlich gesetzt! Ob der Kugelschreiber nun Kugelschreiber genannt wird, oder „Frullip“ ist einzig auswendig gelernt! Kinder lernen aus diesem Grunde erst über einen längeren Zeitraum Sprache und spielen Jahre lang mit Worten, Satzaufbau und Modulation, also der Melodie und Aussprache. Um das Wort „Kugelschreiber“ zu sagen, bedarf es fast der kompletten Aktion des menschlichen Hirns, also der Erinnerungsspuren des Bildes, der Buchstabenfolge und der Identifikation des Kugelschreibers. Ebenso dazu gehören die richtigen Muskelbefehle der Atmung (Luftausstoß), der Zunge, des Gaumens und der Lippen. Die durch den Kehlkopf streichende Luft wird geformt und in der richtigen Menge zum Ton.

Aus dem gleichen Grund sind sehr viele Störungen menschlicher Hirnleistungen ebenfalls sehr früh im Bereich der Sprache erkennbar. Wortfindung und -erkennung, Aussprache und sachlicher Zusammenhang werden gestört. Das kann ebenfalls durch Stress und Angst ausgelöst werden.

Auch bei einer Präsentation kann ein „Blackout“ geschehen. Dann ist es wichtig Ruhe zu bewahren, sich zu konzentrieren und zu sammeln. Den Satz neu zu beginnen und die Situation durch Signale aufzufangen. Gute unterstützende Medien zur Vortragsgliederung helfen dabei enorm *(siehe*

Abschnitt 5.8.). Passieren kann so etwas auch absoluten Profis, also keine Angst und weitermachen.

„Mein Tipp lautet: Sprache entrümpeln, klare Aussagen treffen und Bandwurmsätze vermeiden!“ (Ruppert 2005, S. 39)

Vortragssprache sollte aus kurzen Sätzen und präzisen, gut verständlichen Aussagen bestehen. Anfangs sollte die Referentin ihren ausgearbeiteten Text zu Hause vor dem Spiegel lesen und sprechen. Später werden die Texte nur noch in den Kernpunkten aufgeschrieben und erleichtern damit die freie Sprache. Übung macht die Meisterin.

Eine gute Sprache kann nur Raum füllen bei guter Atmung. Die Atmung ist demnach der zweite Aspekt im Zusammenhang einer verbalen Präsentation. Die Atmung soll ruhig und aus dem Zwerchfell heraus geschehen. Atempausen sollen klar und im Text „eingebaut“ sein. Das wird durch kurze Sätze erheblich erleichtert. Eine kurzatmige Ansprache kommt schlecht an und wirkt unverständlich. Ebenfalls eine zu schnelle, geschnaufte Sprache. Die Geschwindigkeit folgt dem Inhalt und der sicheren Atmung.

Weiter ist der Resonanzkörper zum Füllen des Klangraumes zu beachten. Jeder möge sehr aufmerksam beobachten, wie sich die eigene Stimme verändert, je nach Raumzustand, also im Sitzen oder Stehen oder Gehen. Der Klang der Stimme wird bei optimalem Bodenkontakt tiefer, verständlicher und klarer. Dazu müssen beide Füße vollen

Bodenkontakt haben. Im Gehen wird die Stimme höher und im Sitzen, sogar je nach Sitztiefe und Rückenkrümmung noch weiter erhöht, verändert und eventuell unsicherer.

Alle wichtigen Aussagen einer Präsentation sind also „bodenständig" mit vollem Fußkontakt auszuführen. Das gilt auch für die Einbringung einer Dienstanweisung in der Teambesprechung oder die Verabschiedung einer langjährigen Mitarbeiterin in den verdienten Ruhestand. Die füllenden Kommentare können dann in lockerer Haltung oder sogar in Bewegung dargestellt werden. Das Publikum benötigt Signale zur Unterscheidung von wirklich wichtigen Aussagen und den dazugehörenden Füllkommentaren. Bitte nicht eine wichtige Aussage nach der anderen benennen. Das ermüdet und führt letztlich zur Unaufmerksamkeit. Der Spannungsbogen in einer Präsentation muss ausgewogen sein.

Zur eigenen Schulung können in diesem Bereich Atemtechniken, Meditationen, die meisten Kampfsportarten, aber auch Rhetorikschulungen hilfreich sein.

Die Stimmlage spielt eine ebenfalls wichtige Rolle in der Sprache. Nicht umsonst sind Märchenerzählerinnen oder Erzähler auf Hör-CDs Menschen mit einer eher tiefen, sonoren Stimmlage. Das Verstehen und Hören wird schlechter, je höher die Tonlage wird. Gesteigert wird dieser Zusammenhang noch im Alter, da die Hörmöglichkeiten hoher Töne im Leben zuerst geschädigt werden und schwinden. Mit tiefer Stimme vorgetragen können oftmals sogar ansonsten schwerhörige Menschen alles verstehen. Wichtige Aussagen sollten eher in tieferer Tonlage vorgetragen werden. Eine leise Stimme kann in der Präsentation gezielt eingesetzt werden, da sie an der richtigen Stelle der Präsentation zu großer Aufmerksamkeit der Zuhörerinnen führt und für „Ruhe im Raum“ sorgt. Niemand kann an seinen körperlichen Grundlagen vorbei. Grundsätzlich haben Männer durch ihre biologisch Grundlagen etwas tiefere Stimmen als Frauen. Doch kann das Stimmbild trainiert und mit richtiger Atmung kombiniert sehr geschickt eingesetzt werden.

Sprache ist eine eigene Wissenschaft und ausgesprochen spannend. Üben, ausprobieren und mit Sprache „spielen“ gehören zu einer guten Darstellung. Die menschliche Sozialisation in der westlichen Welt ist sehr stark durch sprachliche Kommunikation geprägt. Es entstehen dadurch Vorurteile und Bilder, von denen zum Schluss dieses Abschnittes eines aufgezeigt wird.

„Psychologen unterscheiden zwischen einer machtvollen und einer machtlosen Sprache. Machtvolle Sprache wird mit hohem sozialen Rang assoziiert, während machtlose Sprache gleichgesetzt wird mit niedrigem sozialen Status und schlechter Bildung. Die machtlose Sprache ist voll von überflüssigen Elementen wie Füllworten (ich denke mal, sozusagen, an und für sich), Modewörtern (nicht wirklich, echt, mega) und Konjunktiven (würde, könnte, sollte).“ (Ruppert 2005, S.39)

5.3 Der Vortrag

Etwas vortragen, also etwas gezielt in guter Mischung von Inhalten und Vermittlungszielen darzustellen, ist eine häufige Form der Präsentation. Vorträge leben aus allen bereits genannten Details. Als eine frontale, auf den „Konsum der Zuhörerinnen" ausgerichtete Präsentationsform stellen sie eine besondere Herausforderung dar. Es geht um Informationen:

„Sachbezogen nenne ich hier eine Information, die praktisch auf der Ebene der technischen Beschreibung, der unpersönlichen Aussage geliefert wird. Ich sage etwas ohne eigene Beteiligung und Stellungnahme – und das ist höchst selten. Denn tatsächlich schwingt in jedem Satz, den ich formuliere, in jedem Wort, das ich artikuliere, etwas von meiner eigenen Einstellung zu dieser Information mit. Jede solche Stellungnahme erweckt in mir und anderen assoziative Vitalitätsunterschiede, die auch auf Stimmmodulation und Gefühle übertragen werden." (Molcho 1983, S. 57)

Im Vortrag gilt es, die Choreographie *(siehe Abschnitt 4)* auf die reine Zuhörergruppe auszurichten. Der Standort der Vortragenden sollte geplant werden. Steht er auf einer Bühne erhöht oder „mitten im Volk". Je größer das Publikum, desto angebrachter ist eine Bühne, um Blickkontakt und die Aufmerksamkeit zur Vortragenden zu gewährleisten.

Auch die Frage wie die eigene Stimme den Raum füllen kann, also die Akustik und Größe des Raumes betreffend, ist zu beachten. In üblichen Vortragsräumen kann maximal eine Zuhörerschaft von ca. 60 bis 80 Personen ohne Verstärkung erreicht werden. Bei größeren Veranstaltungen wird eine sprachliche Verstärkung benötigt. Ein Mikrofon kann fest an einem Rednerpult installiert sein, was grundsätzlich die Gefahr birgt, dass sich die Referentin hinter dem Pult „versteckt" und dem Publikum gegenüber nicht präsent ist. Ein Mikrofon in der Hand wiederum kann beim Halten der Skriptkärtchen, beim Bedienen des Beamers oder beim Wechsel der Präsentationsfolien stören. Sicherlich setzt sich zunehmend das kleine Mikrofon mit einer Klemme für die Kleidung durch. Damit hat man Freiheit für Bewegungen im Raum und beide Hände können mit Gesten „eingreifen".

Um das Publikum zu erreichen, muss Offenheit gezeigt werden. Die Vortragende „offenbart" sich, stellt sich selbst im Zusammenhang mit den Informationen dar. So findet Identifikation, eine emotionale Bindung der Zuhörerinnen statt. Das führt zur „Verinnerlichung" der vermittelten Informationen und Ideen. Es gilt also, eine gute Mischung aus Fachinformationen und der Identität der Referentin zu schaffen.

Was macht die inhaltliche Aussage eines Vortrages aus?
„Was ist überhaupt – eine Information? Etwa eine Neuigkeit? Keineswegs, die Welt ist voller Informationen, sie sind immer vorhanden, und wir können uns ihrer Fülle kaum erwehren. Neu sind sie nur für denjenigen, der sie zum ersten Mal wahrnimmt. Sonst sind es Tatsachen, Zustände,

Vorgänge. Das bedeutet: Eine Information ist, was wir von der Welt in uns und um uns durch unsere sensiblen und sensorischen Organe aufnehmen." (Molcho 1983, S. 30)

Fachliche Inhalte sollen die „Kunden", also die Zuhörer, erreichen, sie „bereichern" und voranbringen.

In einem Vortrag geht es also darum:

a) Eine Vorauswahl der notwendigen Informationen zu treffen.

b) Eine Gewichtung dieser ausgewählten Informationen vorzunehmen.

c) Neue Informationen mit bereits vorhandenem Wissen zu verknüpfen, um Lernen zu optimieren (oder zu ermöglichen).

d) Das Ganze so zu verpacken, dass es neugierig macht und zur weiteren Beschäftigung mit den Informationen anregt.

Vorträge sollen also nicht in Details gehen, sondern in erster Linie den Dialog und die eigenständige Auseinandersetzung anregen. Dafür ist meistens ein Zeitrahmen von 15 bis 30 Minuten vollkommen ausreichend. Leider werden in sehr vielen Veranstaltungen, Fortbildungen und Tagungen viel zu viele und zu lange Vorträge geboten. Der Effekt ist frustrierend, da kaum messbar vorhanden. Lernen findet so nicht statt! Zum Merken gehört das Erinnern, die Anknüpfung an bereits vorhandenes Wissen. Dazu benötigen Menschen Zeit und „Querkommunikation". Ein

Vortrag lebt also davon, dass im Anschluss Zeit zur Verarbeitung geboten wird. Ein guter Vortrag löst Gespräche, Diskussionen aus. Eine Kaffee-/Teepause bietet dafür Freiräume.

„Smalltalk ist zunächst absichtsfrei, ungezwungen und relativ offen für unterschiedlichste Menschen und Themen. Man plaudert ganz einfach ein bisschen miteinander. Smalltalk soll eine ungezwungene Atmosphäre schaffen und Gesprächssituationen entschärften. Es wäre völlig falsch, verzweifelt nach ausgefeilten Formulierungen zu suchen und darüber den Gesprächspartner zu vergessen. Smalltalk sollte als verbales Abtasten des neuen Gesprächspartners gesehen werden." (Ruppert 2005, S. 39)

Nach einem Vortrag sollte also an Stehtischen oder in anderen Kommunikationsräumen zum Dialog, auch mit der Vortragenden gemeinsam, eingeladen werden.

Im Vortrag geht es nicht um die Masse der Informationen, sondern um die Tiefe, um das Berührende. Längere Vorträge benötigen Dialograum zwischendurch. Das kann durch eine provokative Aussage geschehen oder durch offene Thesen. Dann sollte jedoch das Publikum auch „eingreifen", nachfragen, eigene Meinungen einbringen dürfen. Die Vortragende benötigt dafür eine sehr klare Struktur und Charisma genug, um auch den eigenen Vortragsfaden und das Zeitkonzept dabei nicht aus den Augen zu verlieren.

Längere Vorträge sind besser in Seminarform, also mit gezieltem Dialog und offener Struktur oder sogar als Workshop zu planen. Ein Workshop ist eine Arbeitsveranstaltung mit geringem Input über die Vortragende und viel eigener Beteiligung aller Teilnehmerinnen. Leider werden diese methodischen Formen in vielen Veranstaltung falsch verwendet bzw. kommuniziert.

Für einen Vortrag benötigt die Referentin unbedingt einen guten fachlichen Hintergrund. Es ist wesentlich schwieriger Kernaussagen zusammenzustellen, als lange aus der Theorie zu „plappern" und Buchwissen zu zitieren. Das Publikum will spüren, dass die Vortragende wirklich etwas zu bieten hat. Die Mischung aus Theorie und praktischer Erfahrung belebt jeden Vortrag ungemein. Aufgrund der Masse an Informationen, besonders durch das Internet ins Unermessliche gesteigert, wollen die Zuhörerinnen eines Vortrages eine Meinung und Auswahl zur Fokussierung auf die „wirklich wichtigen Aussagen".

Zum Abschluss der Anregungen zum Vortrag soll nochmals auf den „Tanz der Präsentation" *(siehe Abschnitt 4.)* eingegangen werden. Dazu gehören auch die Zusammenstellung, Anzahl und Länge der einzelnen Vorträge sowie die Übergänge in der jeweiligen Veranstaltung.

„Pausen setzen einen Verlauf voraus. Diesen unterbrechen sie und sind hierdurch Teil desselben. Daher sind Pausen nicht das Nichts, vielmehr sind sie bedeutsam, d.h. gefüllte Leerstellen. Pausen schaffen notwendige Ordnung innerhalb von Zuständen und geben Orientierung, sowohl bei der Betrachtung von Naturprozessen als auch bei der Gestaltung des Sozialen. Sie ermöglichen Trennung, Wechsel, Übergang.“ (Geißler 1998, S. 175)

5.4 Technische Medien

Neben dem eigenen Ich (der eigenen Person) als Medium können bestimmte Medien zur Visualisierung eine Präsentation gut unterstützen. Die ausgewählten Kerninformationen sollen dabei parallel den Sinnen der Zuhörerinnen ausgesetzt werden, also verbal und visuell präsent sein. Mehrere angesprochene Sinne potenzieren den Lernerfolg! Also gilt grundsätzlich: Keine Informationsvermittlung ohne Visualisierung. Zur Vertiefung der auch in moderierten Prozessen einzusetzenden Medien ist das Buch „Gespräche in der Pflege moderieren“ (Stefan Block, Hannover 2005) zu empfehlen.

Präsentationsraum

5.4.1 Die Tafel

Das traditionelle aus der Schule bekannte Medium Kreidetafel ist im Erwachsenenbildungsbereich aufgrund der mangelnden Flexibilität und des Kreidestaubes aus der Mode gekommen. Die Tafel grundsätzlich eignet sich aber durchaus zur Visualisierung.

Das kurze an die Wand geschriebene Stichwort oder die einfache Skizze eines Zusammenhanges können mit wenig Aufwand, geringer Umweltbelastung und gut sichtbar erreicht werden. Längere Zusammenhänge lassen sich nur mit viel Zeit der Referentin anbringen, was die Aufmerksamkeit vom Publikum ablenkt und darum nur sehr begrenzt zu empfehlen ist.

Materialüberblick:

- Kreidetafel,
- Kreide in weiß oder/und farbig,
- Wischlappen/Schwamm/Wasser zur Reinigung,
- Lappen/Handtuch zur Händereinigung.

Inzwischen ist häufiger das Whiteboard anzutreffen, also eine Metalltafel mit einem schützenden meist weißem Überzug. Über die für die Kreidetafel beschriebenen Möglichkeiten hinaus bietet dieses Medium das „Anheften" von Plakaten, Zetteln mit Magneten oder auch die Projektion eines Bildes. Letzteres ist allerdings vorher immer auszuprobieren, da die sehr glänzende Oberfläche der Tafel zu vielen Reflexionen und damit schlechter Sichtbarkeit führt.

Materialüberblick:

- Whiteboard,
- spezielle Farbstifte (bitte darauf achten ... Stifte müssen sich abwischen lassen!),
- Lappen/Wischer,
- Magnete,
- evtl. stärkeres Papier/vorgefertigte Plakate u. Ä.

5.4.2 Das Flip Chart

Ähnlich wie die Tafeln bietet das Medium Flip Chart Möglichkeiten dafür, einfache Zusammenhänge, Stichworte, eine schnelle Tabelle oder Skizze aufzunehmen. Es besteht aus einem dreibeinigen Gestell (zwei Beine an der Aufnahmeplatte für die Papierblöcke und eines in der Mitte zum Abklappen) und einem Papierblock. Das Flip Chart ist ein sehr günstiges und in jeden Besprechungsraum gehörendes Medium. Bereits für unter 100 € kann man das Gestell für die Papierblöcke bekommen. Das Papier kann man sich aus großen Papierblättern oder einer Zeitungsendrolle (Bezug über Druckereien als „Abfallprodukt") selber zusammenstellen oder als Block kaufen.

Diese Medium ist also schnell aufzubauen, passt in jeden Raum und ist ohne besonderen Aufwand einsetzbar. Die Halterung für das Papier kann ebenfalls dafür verwendet werden ein vorgefertigtes Plakat aufzuhängen. Durch das Umblättern der großen Papierblätter können auch vorgefertigte Tabellen, Informationen für die Teilnehmerinnen nicht sichtbar bereitgestellt und später eingefügt werden. Diese werden dann im Zusammenhang mit der Präsentation aufgeblättert.

Etwas teurere Flip Charts sind beim Abnehmen des Papiers auch als Whiteboard einsetzbar.

Materialüberblick:

- Dreibein Flip Chart (oder auf Rollen),
- Flip Chart Block oder anderes zugeschnittenes Papier,
- Filzstifte in verschiedenen Farben,
- evtl. vorgefertigte Plakate.

Die beschriebenen Blätter können als Grundlage eines Protokolls abgeschrieben werden oder sogar bei modernerer Technik eingescannt und direkt eingefügt werden. Die Ergebnisse können auch als Plakate ausgehängt werden, können also evtl. nicht anwesende Teilnehmerinnen einer Veranstaltung oder andere Personen über die Inhalte längere Zeit informieren.

5.4.3 Der Tageslichtschreiber

Der Tageslichtschreiber oder Overheadprojektor ist das in der Weiterbildung gebräuchlichste Medium. Eine starke Lichtquelle wirft die auf einer transparenten Folie befindlichen Informationen über einen Spiegel auf eine Leinwand oder ebene weiße Fläche. Die Folieninhalte werden dabei stark vergrößert. Durch die sehr gute

Lichtausbeute kann dieses Gerät bei normalem Tageslicht ohne Verdunkelung eingesetzt werden. Das ist der Grund, warum der Tageslichtschreiber die Diaprojektion aus der professionellen Präsentation vollkommen verdrängt hat. Jedes Dia kann ohne größere Probleme auch als Folie erstellt und über einen Tageslichtschreiber projiziert werden.

Es gibt gute Standgeräte ab ca. 400 €, welche fast „unkaputtbar" sind. Einzig die Leuchtkörper brennen einmal durch. Diese sind jedoch leicht zu wechseln. Beim Wechseln bitte nicht die Birne mit den Fingern berühren (in der Schutzfolie anfassen), da ansonsten das Hautfett sich einbrennt und die Birne schnell wieder ausfällt. Eine Ersatzbirne sollte immer griffbereit sein. Viele Projektoren haben sogar eine Ersatzbirne eingebaut und bei Ausfall kann mit einem einfachen Schalter auf die intakte Leuchtquelle umgestellt werden. Bitte im Anschluss der Präsentation unbedingt die beschädigte Birne auswechseln, da ansonsten beim nächsten Ausfall der positive Effekt des schnellen Umschaltens nicht funktioniert! Standgeräte sind immer „Unterlichtprojektoren". Sie haben die Lichtquelle im Gehäuse und durchleuchten eine Glasscheibe mit der Folienauflage. Das bringt eine sehr gute Lichtausbeute und Effektivität.

Kleinere, tragbare Projektoren in Form von Koffern sind meistens „Auflichtprojektoren". Die Lichtquelle befindet sich gemeinsam mit dem Spiegel im Projektionskopf. Das Licht fällt von oben durch die Folie auf einen Spiegel und von dort zurück zum Projektionskopf zur Wand. Die Lichtausbeute ist als Folge etwas schlechter. Zudem sind tragbare Projektoren mit guter Qualität erst ab ca. 750 € zu bekommen. Nach dem Einsatz sollte das Gerät abkühlen vor dem Einpacken, da ansonsten mit einem höheren Verschleiß der Birne zu rechnen ist.

Folien sind sehr gute Träger von Informationen. Sie können mit wenig Aufwand und trotzdem ansprechend erstellt werden. Zudem können sie vorbereitet mitgebracht werden und ermöglichen den fast kontinuierlichen Kontakt zum Publikum.

Die Erstellung von Folien ist vielfältig:

- Man kann auf Folien mit speziellen Folienstiften schreiben. Dabei sind permanente Stifte für vorgefertigte Gestaltungen sinnvoll und nonpermanente – also abwischbare – Stifte für Anmerkungen auf Folien z.B. während eines Vortrages einzusetzen.
- Spezielle Folien für Kopiergeräte ermöglichen jede Form der Vervielfältigung von Texten, Ausdrucken und Bildern als Kopie.
- Eine sehr gebräuchliche Folienform gibt es auch für Tintenstrahl- oder Laserdrucker. Folien für Tintendrucker haben eine raue Seite, auf der der Druck erfolgt.

Fertige Folien sollten immer in eine weichmacherfreie Folienhülle gesteckt werden. Das verringert die Gefahr des Welligwerdens durch die Projektortemperatur und schützt die Darstellung. Auch bei kurzen Anmerkungen mit abwischbaren Folienstiften kann im Anschluss die Hülle gereinigt oder ausgetauscht werden, ohne die Folie zu beschädigen.

Die Erstellung der Folien sollte immer unter dem Blickwinkel des Publikums erfolgen. Es erschreckt immer wieder, in welcher außerordentlich schlechten Qualität die Folienbilder bei vielen Vorträgen sind. Gerade auch im Hochschulbereich sind billige Kopien aus Fachbüchern Kennzeichen der geringen Wertschätzung der Visualisierung und des Publikums.

Grundsätzlich ist bei der Gestaltung zu beachten[1]:

- Ein Rahmen zentriert die Informationen.
- Piktogramme, also kleine Bilder oder auch Fotomaterial, lockern die Gestaltung angenehm auf, sollten jedoch nicht die Aufmerksamkeit vom eigentlichen Inhalt ablenken.
- Schriftgröße nicht unter 25 Punkt beim Computer. Besser ist eine 35- oder 40-Punkt-Schrift (Beispiel „Folie Behandlungspflege“ mit einer 35-Punkt-Schrift).
- Eine klare Schrift wie z.B. Arial ist einer verspielten vorzuziehen. Nur eine Schriftart verwenden!
- Maximal 8 – 10 Zeilen Text je Folie.

1) siehe die Folienbeispiele auf der folgenden Doppelseite

- Nicht zu bunt, besser wenige ausgewählte Farben in der Gesamtgestaltung.
- Widererkennungsmerkmale bei mehreren Folien setzen.

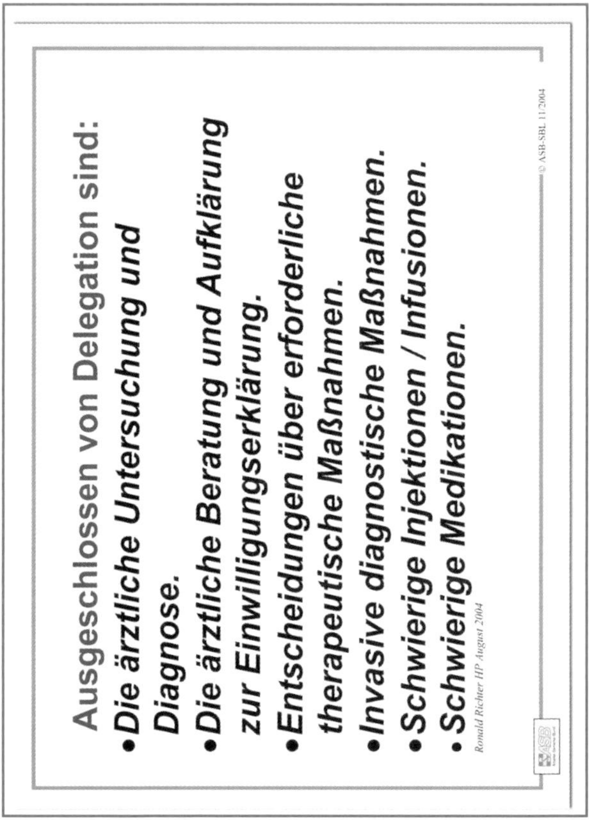

Folie 1: Behandlungspflege

- Bei komplexeren Zusammenhängen auf Größe und Übersicht achten *(siehe Folie 2)*. Eventuell ist bei solch dichten Informationen parallel ein Informationsblatt/ eine Kopie ans Publikum zu verteilen.

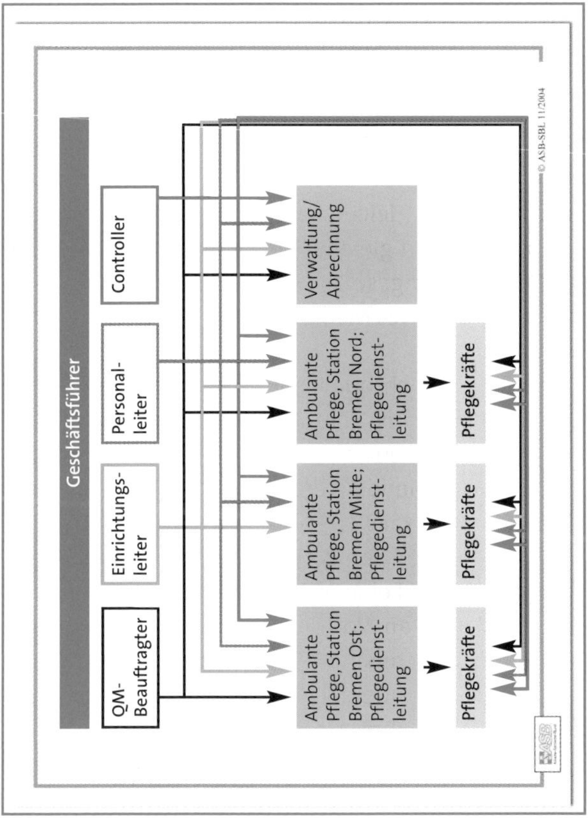

Folie 2: Mehr-Linien-Modell: Untergebene können hier mehrere Vorgesetzte zugewiesen bekommen, welche ihnen „verfahrensorientierte" oder „methodenorientierte" Weisungen erteilen können.

Mit den heutigen Möglichkeiten lassen sich Folien sehr schnell und einfach mit Microsoft Word oder ähnlichen Programmen am Computer herstellen. Eine große Erleichterung stellen dabei auch spezielle auf die Gestaltung ausgerichtete Programme dar. Als Beispiel sei auf die Software von Microsoft „Powerpoint" hingewiesen. Dieses Programm bietet bereits Folienrahmen als Vorschläge an und ermöglicht damit eine sehr schnelle und in seiner Vortragslogik aufgebaute Gestaltung. Zur Einarbeitung kann das Buch „powerpräsentation mit powerpoint" von Günter Martin (Offenbach 2004) empfohlen werden.

Folienvorträge sind leicht aufzubewahren und die Materialien können in gleicher oder anderer Zusammenstellung häufiger eingesetzt werden. Es stellt also ein effizientes und effektives Medium dar.

Zu beachten ist jedoch auch bei diesem Medium, dass „weniger gleich mehr" ist. Die „One-Media-Picture-Show" ermüdet und lässt keinen Raum für eigenes Denken und die im Mittelpunkt stehende Referentin. In fünf Minuten Vortrag passen maximal 3 - 5 Folien. Diese sollen nur Kernaussagen abbilden und den Vortrag unterstützen. Längere Texte gehören nicht auf eine Folie, da das Lesen eines Textes jede Aufmerksamkeit am Vortrag verschiebt. Das Publikum liest unterschiedlich schnell. Die eine Hörerin ist erst bei der vierten Zeile, die anderen haben den Text bereits durchgelesen. Das führt zu Zwischengesprächen und Unruhe bei den Zuhörern. Der Faden der Präsentation kann verloren gehen.

Ein weiterer Vorteil dieses Mediums ist, dass die Referentin sehr flexibel einzelne Folien auslassen kann, ohne dass das Publikum dieses merkt. Das ist besonders interessant, wenn das Zeitkonzept „durcheinander gerät" und man schneller zum Schluss kommen muss. Folienbilder eignen sich auch gut als visuelle „Pausenfüller", also ein witziges Bild oder eine Information in der Pausenzeit bereithalten.

Materialüberblick:

- Tageslichtschreiber,
- Stromquelle,
- Verlängerungsschnur,
- Ersatzbirne,
- Leinwand/weiße Wandfläche,
- Vorgefertigte Folien/Folienhüllen,
- evtl. Folienstift für Anmerkungen,
- Ablage für gerade ungenutzte Folien.

Beim Umgang mit Folien ist zu beachten, dass auf eventuell zu zeigende Inhalte in einem Bild am besten mit einem auf die Folie gelegten Stift oder kleinen Zeiger hingewiesen wird. Die kleinen „Zitterbewegungen" der eigenen Hand werden dann nicht riesig an die Wand projiziert und das Gezeigte bleibt für alle erkennbar. Niemals mit der Hand am Projektor etwas zeigen, da diese nicht transparent ist und das Publikum nichts mehr sieht. Das Zeigen an der Leinwand ist mit klaren, großen Handgesten durchaus möglich. Man sollte nur darauf achten, dass man nicht die Sicht einzelner Zuhörerinnen abdeckt.

Der Laserpointer als Zeigegerät ist meistens sehr zitterig an der Leinwand und sollte nur sehr vorsichtig eingesetzt werden.

Folien können auch in Form der „Abdecktechnik" bearbeitet werden. Dazu wird eine Abdeckung auf die noch im Laufe der Ausführungen zu benennenden Teile gelegt (irgendein Blatt Papier) und langsam in Abstimmung der Nennung aufgedeckt bzw. abgezogen. Diese Methode bietet sich besonders bei Aufzählungen an, um das Publikum immer zeitnah zu den verbalen Ausführungen visuell zu begleiten.

5.4.4 Der Beamer

Beamer sind modenere Projektionsgeräte und bieten einige zusätzliche Möglichkeiten, schränken aber durchaus auch ein im Verhältnis zum Tageslichtschreiber.

Beamer

Der Beamer bekommt seine Bilder über einen angeschlossenen Computer und bietet ebenfalls ein sehr lichtstarkes und damit bei Tageslicht einzusetzendes Bild.

Die unter 5.4.3 ausgeführten Anmerkungen zur Technik der Präsentation und zur Herstellung der Folien sind hier fast deckungsgleich. Nur dass alle Folien auf einem Datenträger (Diskette, USB-Schnittstelle, CD-Rom oder Festplatte) abgelegt werden müssen. Über den Rechner werden diese Bilder dann an den Beamer weitergeleitet und an die Wand projiziert.

In der Gestaltung ist das unter 5.4.3 Gesagte ebenso zu beachten. Neue Möglichkeiten entstehen durch bewegliche Elemente in den Folien. Die Software powerpoint bietet als ein mögliches Programm auch hier eine Reihe von einfachen Hilfen und Ideen. Die Gefahr besteht dabei, dass zuviel Bewegung eine nervös wirkende Oberfläche bilden und die Inhalte „erdrücken". Die Bewegung sollte also nur aus einfachen Elementen, in Anlehnung an die Abdecktechnik der Tageslichtschreiberarbeit, bestehen.

Das Zeigen am Bild ist nur über die Leinwand möglich über einen Pointer, also einen kleinen Stift mit einem Laserlichtstrahl. Bitte nur vorsichtig einsetzen, da „das Gezappelle" des Lichtstrahles schnell nervt und die angestrebte Wirkung verfehlt.

Der Umgang mit dem Beamer setzt eine Auseinandersetzung mit der dazugehörenden Technik voraus, also den sicheren Umgang mit dem Computer und den darauf befindlichen Programmen. Die Kompatibilität ist unbedingt vor dem Vortrag zu prüfen.

Erlebte Fehlerquellen:

- Referentin brachte ihren Vortrag auf Diskette mit. Leider hatte das eingesetzte Laptop kein Diskettenlaufwerk.
- Das Blättern am PC funktionierte nicht, da bei der eingesetzten Funkmaus leider die Batterien leer waren.
- Eine Folienpräsentation wurde mit einem neuen powerpoint erarbeitet, der eingesetzte Rechner hatte nur eine sehr alte Version installiert. Dadurch wurde die gesamte Formatierung verschoben und der Vortrag reichlich erschwert.

Beim Folieneinsatz über den Beamer ist die Gefahr eines viel zu vollen Folienvortrages noch größer, da der „Fernsehcharakter" noch deutlicher ist und Inhalte sich leicht und ohne größeren Aufwand darstellen lassen. Also auch hier Vorsicht! Das Medium Folie soll den Vortrag begleiten und unterstützen, nicht die Referentin „ersetzen".

Insgesamt bietet eine Beamerpräsentation viele und sehr professionelle Möglichkeiten. In absehbarer Zukunft wird dieses Vortragsmedium sicherlich alle anderen Medien stark verdrängen.

Materialüberblick:

- Beamer,
- Personalcomputer (PC/Laptop),
- passende Software,

- Stromquelle,
- Mehrfachsteckdose,
- Verlängerungskabel,
- Datenträger,
- Leinwand/weiße Wand,
- Pointer.

5.5 Mind Map®

Das Mind Map® oder Netzbild *(siehe Seite 32 f.)* ist eine geeignete visuelle Möglichkeit, hirngerecht Informationen zu sammeln und darzustellen.

Kern der Methode:

- Ausgehend von einem Hauptbegriff/Zusammenhang ...
- ... werden die zentralen Oberbegriffe als dicke „Äste eines Baumes" oder „Linien eines Netzwerkes" abgezweigt dargstellt.
- Von diesen Oberbegriffen werden in immer feineren Verästellungen weitere Unterbegriffe aufgeführt und erläutert.

Das Gesamtbild ist flexibel erweiterbar und entspricht ziemlich den eher diffusen oder sogar „chaotischen" Vorgängen im Hirn. Daher gibt es viele Assoziationen bei allen Beteiligten. Mit einfachen Bildern oder Piktogrammen erhöht sich die Merkmöglichkeit noch.

Im Rahmen eines Vortrages können alle aufgeführten Medien eingesetzt werden. Ein vorbereitetes Mind Map® kann auf jeder Tafel oder Folie (direkt mit einem Folienstift am Projektor auf einer Blanko Folie) oder mit den Möglichkeiten beweglicher Elemente mit dem Beamer dargestellt werden.

Komplexe und bereits fertig dargestellte Mind Maps® sind jedoch im Rahmen einer Präsentation eher unübersichtlich, da die Zuhörerinnen den Entstehungsprozess nicht mitbekommen und das Bild dann verwirrt.

Für die Vorbereitung einer Präsentation ist diese Methode aber auf jeden Fall zu empfehlen:

„Durch den Einsatz von Mind Maps® in unseren Vorlesungen, Fortbildungen und zur eigenen Weiterbildung verbesserte sich schlagartig die Qualität unserer Tätigkeiten. Wir erzielten eine höhere Vortragssicherheit bei gleichzeitiger Steigerung unserer Gedächtnisleistung. Die Vorbereitungen wurden weniger zeitaufwändig, die Unterlagen übersichtlicher, das Erarbeiten komplexer Themen effektiver und fast spielerisch einfach." (Kiefer/Rudert 2003, S. 7)

5.6 Pinnwände und Plakate

Wände zum Anpinnen von Zetteln, Plakaten und Kärtchen stellen ebenfalls ein gutes Medium zur Präsentation dar. Es können fertige Pinnwände aus der Moderation, Pinnwände aus Kork oder auch Metallwände unter Einsatz von kleinen

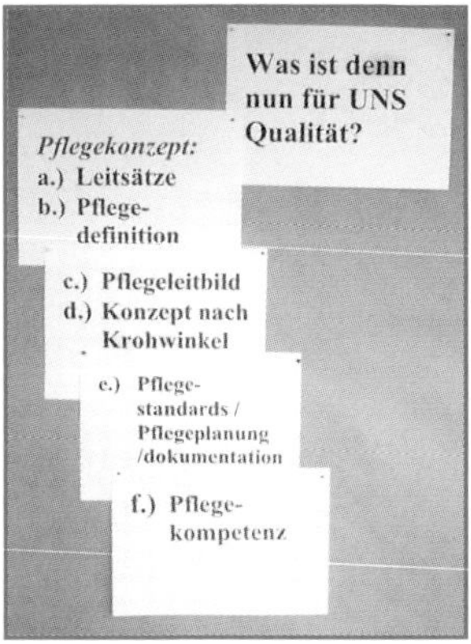

Pinnwand

Magneten genutzt werden. Mehrfach in der Praxis erlebt, bieten sich bei Renovierungsarbeiten dünne Metallbleche über ganze Wandflächen an. Diese werden übertapeziert und gestrichen. Der Effekt ist, dass nun die gesamte Wandfläche als Medienwand mit Magneten genutzt werden kann.

Im „Notfall“ kann vergleichbar auch ein glatter Schrank oder eine Tür verwendet werden und Klebestreifen ersetzen die Nadeln oder Magnete. Es geht bei diesem Medium darum, vorgefertigte oder auch spontan angefertigte Karten, Tafeln oder kleine Plakate zeitnah zur verbalen Präsentation anzupinnen oder mit Magneten an der Wand zu fixieren.

Bei kurzen Texten ist die Schriftgröße an die Raumgröße und Gruppe anzupassen. Die Schrift sollte schlicht (z.B. Arial) und in Fett gehalten werden. Schriftgröße nicht unter 60 Punkt auf dem Computer.

Plakate sind gestaltete und vorgefertigte Darstellungen mit sehr klarer visueller Aufteilung. Sie fordern zum Erfassen der Informationen auf und stellen die wichtigen Informationen dar.

Materialüberblick:

- Pinnwand/Metallwand,
- Haftmedien (Nadeln, Magnete, Klebestreifen),
- Papier/Textteile auf Karten/ vorgefertigte Plakate,
- dicke Filzstifte in mehreren Farben.

Materialkoffer

5.7 Spielerische Bewegung als anregende Methode

Inzwischen werden zunehmend auch in Deutschland neuere, lebendigere Vortragsmethoden eingesetzt. Verfolgt man Vorträge von Profis aus den USA, sind diese oftmals viel lebendiger, die Referentinnen mehr in Bewegung. Das „Showgeschäft" ist prägnanter.

Da gibt es in Motivationsshows schon mal die Aufforderung an alle Teilnehmerinnen den rechten Arm locker nach vorne zu heben und dann mit fließender Bewegung die Handfläche auf die linke Schulter zu legen. Dort dann mit der Handfläche mehrfach auf die Schulter zu klopfen und zu sich zu sagen: „ ICH bin so gut!"

Solche Art der Präsentation bis hin zum „Feuerlauf" gibt es inzwischen auch in Deutschland. Schade, dass diese Möglichkeiten nur in eher bedenklichen Massenmotivationsveranstaltungen auftauchen.

In einzelnen Elementen können solche Anregungen zur Bewegung, zu eigenen Aktionen eine gute Ergänzung und Erweiterung der Präsentationen bieten. Menschen wollen angesprochen werden, wollen bis zu einem bestimmten Maß auch Aktion. Nur sind Deutsche noch in der Tendenz etwas „steifer". Also sollten solche „alternativen" Methoden sehr vorsichtig eingesetzt werden.

Doch kann auch die Bewegung der Referentin und die zum richtigen Zeitpunkt gesetzte Pause beleben. Einfach mal die Zuhörerinnen aufstehen und eine Karte mit einer Anmerkung an eine vorbereitete Pinwand setzen lassen. Das bietet Raum für Gespräche und „bewegliche Signale". Es sollte nicht unterschätzt werden, dass Menschen Rhythmus und Takt haben und im Leben brauchen. So wird die Choreographie der Präsentation wirklich zu einem „gemeinsamen Tanz".

„Der Rhythmus ist uns von der Natur gegeben, den Takt haben die Menschen erfunden. Musik basiert auf Harmonie und Rhythmus und bringt uns durch die natürliche Wechselbeziehung zu den Bewegungsgesetzen unseres Körpers in Stimmung. Den perfekten Takt schlägt ein Metronom – für uns ist er eine Äußerung des Willens. Wir spüren und erkennen diesen Übergang von spontaner Harmonie zu getaktetem Rhythmus auch in Bewegungsabläufen: Er kündet vom Eingriff des Willens, ist mit einer Absicht verbunden." (Molcho 1983, S. 49)

5.8 Das Skript

Eine gute Präsentation benötigt eine gute Vorbereitung. Es ist bekanntlich noch „kein Meister vom Himmel gefallen".

5.8.1 Vortragsraster

Am Beispiel einer Rede bei einer Preisverleihung des Vincentz Network sei das Vorgehen aufgezeigt:

- Anfrage und Auftrag durch den Verlag.
- Erstes Raster der Inhalte ... Klärung der Frage: Was ist eine „Laudatio" (eine Lobrede)?
- Sichten des Konzeptes des Siegers bzw. von der Jury ausgewählten Konzeptes.
- Besprechung mit dem Verlagsvertreter.
- Kontakt zum Preisträger.
- Zusammenstellen der konkreten Ideen der Rede.
- Erste Textfassung in Stichworten in 14-Punkt-Schrift auf starkem Papier in drei Spalten *(die Rede ist vollständig abgedruckt im Anhang ab Seite 115).*
- Erstellung der vier Folien. Suchen der benötigten Fotos/Bilder. Gestalten der Folien und ausdrucken.
- Textfassung für Pressearbeit des Verlages erstellen und per E-Mail versenden.

Diese Vorbereitung wird nach über 20jähriger Erfahrung sicherlich zügiger, im Grunde hat sich aber an der Arbeit in all den Jahren wenig geändert. Zuhörerinnen spüren sehr schnell, ob eine Präsentation unvorbereitet ist. Damit ist gleichzeitig auch geklärt, inwieweit die Referentin die Zuhörerinnen wertschätzt. Hat sie also Zeit in die Vorbereitung investiert, oder war es ihr unwichtig?

Ein Skript sollte nicht bis zum letzten Wort ausgefeilt werden, damit die Gefahr des auswendig gelernten Textes, oder sogar noch schlimmer, die Gefahr des Ablesens vermieden wird. Also Stichworte und wichtige Zitate konkret aufschreiben, die Lücken spontan während der Präsentation füllen.

Auch die eingesetzten Medien (z.B. Folien) können nach guter Vorsortierung die Präsentation gliedern und einen „Roten Faden" darstellen.

Kleine Karten bieten sich zur Gliederung der einzelnen Punkte an.

Zu beachten ist das Zeitkonzept. Etwa eine DIN A4-Seite beschriebener Text ergibt einen Vortrag von etwa fünf Minuten Dauer. Die Referentin ist verantwortlich für die Einhaltung der Zeit. Es ist immer wieder ein Greuel in der Praxis, wenn Vortragende die vorgegebene Zeit überziehen und damit Lebenszeit aller Beteiligten ungeplant nutzen. Letztlich bedeutet ein solches falsches Zeitkonzept, dass die Inhalte nicht entsprechend für das Publikum vorsortiert und gewichtet wurden. Es gibt kein Thema, das dieses Vorgehen rechtfertigt. Einzig ein Dialog, eine Kontroverse oder eine Diskussion im Rahmen der Präsentation macht eine Verlängerung für die Beteiligten sinnvoll und ist dann auch in kurzer Abstimmung miteinander erlaubt.

Materialüberblick:

- Skript/Kärtchen,
- Medien (Folien/Karten/Plakat usw.),
- sichtbare Uhr.

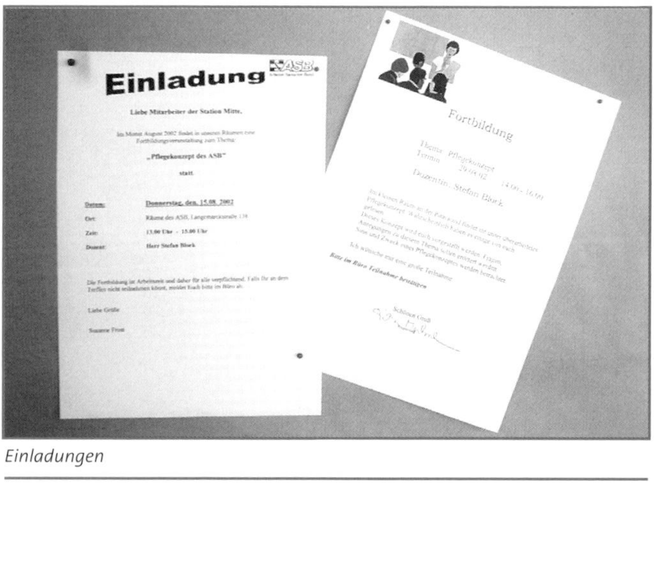

Einladungen

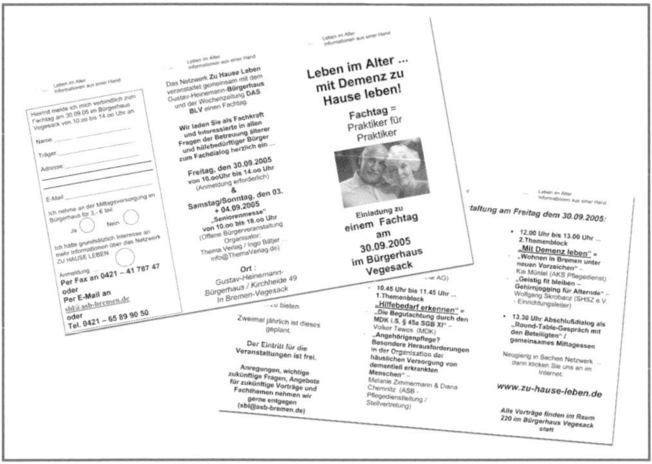

Flyer zum Fachtag

5.8.2 Komplexe Veranstaltungen

Umfangreiche Veranstaltungen benötigen im Prinzip die gleichen vorbereitenden Schritte. Es sind die Rahmenbedingungen abzustimmen, die Beteiligten zu benennen und Verantwortlichkeiten festzulegen.

Grundfragen des Managements greifen auch hier:

- Was wollen wir?
- Wer macht was?
- Wann sind die Arbeiten fertig vorzulegen?
- Wer übernimmt die Aufsicht und Koordination?

Am Beispiel eines Fachtages mit fünf kurzen Vorträgen über jeweils ca. 15 Minuten kann der Ablauf der Vorbereitungen gut aufgezeigt werden.

1) Schritt: Abstimmung der Inhalte und Rahmenbedingungen. Festlegen der Koordination und Moderation.

2) Schritt: Ansprechen möglicher Fachleute für die einzelnen Vorträge. Festlegen des Programms.

3) Werbematerialien und Informationen zusammenstellen, evtl. Pressemitteilung schreiben und verschicken. Einladungen herausgeben.[1]

4) Konkrete Absprachen der Raumgestaltung und des Auf- und Abbaues bei der Veranstaltung. Catering klären.

5) Ausarbeitung der Moderation ... in diesem Fall ein Raster für die Gesamtmoderation und eines für kurze Geschichten und Zitate[2] .

Und damit ging es in die praktische Umsetzung.

1) siehe Fotos „Einladungen“ und „Flyer zum Fachtag“ auf S. 92 f.

2) siehe Moderationskarten A und B auf den Seiten 95 f.

Moderationskarten A

Leben im Alter Karte 1.

Ansagen:
- 10.oo bis 14.oo Uhr
- Mittagessen 13.30 Uhr
- Idee = Dialog zum Thema / Bürger informieren / Brücken schlagen
- Netzwerk Zu Hause Leben = Acht Firmen gemeinsam für Dienstleistungen „rund um die Unterstützung zu Hause“

Leben im Alter Karte 2.

Referat = 10.15 bis 10.45 Uhr
„Leben im Alter ... Mit der Verwirrung leben ... “
Stefan Block
ASB Ambulante Pflege GmbH
Q = Kaufmann / Dipl.Soz Päd
H = Einrichtungsleiter

Leben im Alter Karte 3.
Hilfen erkennen
Referat = 10.45 bis 11.05 Uhr
- **„Die Begutachtung durch den MDK i.S. § 45a SGB XI“** –

Volker Tewes (MDK)

Leben im Alter Karte 4.
Hilfen erkennen
Referat = 11.10 bis 11.30 Uhr
„Angehörigenpflege? Besondere Herausforderungen in der Organisation der häuslichen Versorgung von dementiell erkrankten Menschen“ –
Melanie Zimmermann & Diana Chemnitz (ASB - Pflegedienstleitung / Stellvertretung)

Leben im Alter Karte 5.
Mit Demenz leben ...
Referat = 12.00 bis 12.20 Uhr
„Wohnen in Bremen unter neuen Vorzeichen“ –
Kai Müntel (AKS Pflegedienst)

Leben im Alter Karte 6.
Mit Demenz leben ...
Referat = 12.30 bis 12.50 Uhr
„Geistig fit bleiben – Gehirnjogging für Alternde“ –
Wolfgang Skrobacz (SHSZ e.V. - Einrichtungsleiter)

Leben im Alter Karte 7.
Umsetzungsbedarf:
- **Vernetzung**
- **Öffentlichkeitsarbeit**
- **Dialog mit Betroffenen**
- .
- .
- .

Leben im Alter Karte 8.
Fachtage ... 10.02.06
Themen und Ideen:
- **Kommunikation in der Pflegeorganisation**
- **Öffentlichkeitsarbeit ... Themen „öffentlich“ machen!**
- **Gemeinwesenorientierung**

Quelle: Stefan Block

Moderationskarten B

Leben im Alter Karte 1a.
Buchtitel …
- **„Verwirrt nicht die Verwirrten“** 1988
- **„Der 36 Stunden-Tag“** 1986
- **„Die Pflege verwirrter alter Menschen“** 1985 … Grond : „Die Pflegenden von heute, werden die zu Pflegenden von morgen sein!“
- **„Gramp“** 1982 … sprechende Bilder

Leben im Alter Karte 2a.
- -„Sind wir nicht alle ein bischen BLUNA?“

Infratest Juni 2005 = **„Will man den Vorrang der häuslichen Pflege auch in Zukunft aufrechterhalten, so wird es vor allem darauf ankommen, die in der Regel von eigenen Angehörigen erbrachte Pflegetätigkeit viel stärker als bisher mit den inzwischen durchaus vielfältig vorhandenen professionellen Leistungsangeboten zu vernetzen.“**

Leben im Alter Karte 3a.
- **„Nach wie vor sind in etwa 20 % der Menschen im Alter ab 80 Jahren, die in Privathaushalten leben, pflegebedürftig.“ Infratest 2005**
- **2002 wurde die PV durch Leistungen für „Personen mit eingeschränkter Alltagskompetenz“ erweitert (§§ 45 a ff SGB XI)**
- **Empfehlungen … auch Richtung Ärzteschaft (nur 15% dementiell Erkrankter bekommen antidementiv wirkende Medikamente)**

Leben im Alter Karte 4a.
- Pflegende Angehörige stehen im Mittelpunkt des Hilfebedarfes …
- Magisterarbeit Mai 2005 Public Health von Matthias Schnäpp & Markus Zimmermann
- Häusliche Pflegearrangements … Die Angehörigen und Bekannte tragen als de fakto größter Pflegedienst in Deutschland die Versorgung (92% Pflege mit privater Unterstützung / 64 % Pflege ohne prof.Hilfe zu Hause!

Leben im Alter Karte 5a.
- Neue Modelle des Wohnens … auch in Bremen … „Eine Herausforderung mit Risiken“ (HP Jan2005)
- Vorbereitung und Ideen aus Berlin
- Entlastung für pflegende Angehörige … Modell der Zukunft?
- Angebotszuwachs in der Zukunft (z.B. ProDem Stuhr)

„Ziel all dieser alternativen Wohnformen ist es, den eigenständigen Mieterinnen ein möglichst selbstbestimmtes Leben zu ermöglichen.“

Leben im Alter Karte 6a.
- **„Zielgerichtete Maßnahmen einer Rehabilitation sind nur bei einer kleinen Minderheit von Pflegebedürftigen identifizierbar. Unbefriedigend ist insbesondere der Umgang mit gerontopsychiartrischen Erkrankungen.“**
- **Training des Geistes … ein Schritt in diese Richtung?**

Leben im Alter Karte 7a.
„Die Angehörigen haben in der Regel keinen Ansprechpartner (Case Manager), der einen Überblick über die verschiedenen Möglichkeiten einer ambulante Versorgung und Betreuung hat und der Vorschläge für eine erfolgreich zu bewältigende häusliche Pflege und Betreuung vorlegen kann.“
Infratest 2005

Leben im Alter Karte 8a.
„Auch bestätigt sich (…) der in der internationalen Literatur vielfach belegte Befund, dass die Belastungen der familiären Pflege bei der Versorgung eines dementiell erkrankten Angehörigen besonders hoch sind. Professionelle Dienste spielen hier bisher nur eine untergeordnete Rolle.“
Infratest 2005

Quelle: Stefan Block

Carpe diem

*» Einem Mann begegnete auf seinem Weg ein Tiger.
Er floh, das wilde Tier verfolgte ihn.
An einer Klippe ergriff er eine wilde Weinrebe und schwang sich über den Rand. Von oben fauchte die Bestie nach ihm.
Voller Angst blickte der Mann tief hinunter und sah einen anderen Tiger, der nur darauf wartete, dass er ihn fressen konnte.
Zwei Mäuse, eine weiße und eine schwarze, begannen, an der Weinranke zu nagen.
Der Mann erblickte eine saftige Beere nahebei.
Mit der einen Hand hielt er sich an der Ranke, mit der anderen pflückte er die Beere.
Wie köstlich sie schmeckte! «*

Quellennachweis:
Reichel, Gerhard – „Der Indianer & Die Grille" – Forchheim – ISBN 3-92324-103-8, Seite 143
Verlag Brigitte Reichel, Goethestraße 1, 91301 Forchheim

6. Ergebnissicherung

Betrachtet man den gesamten Ablauf und die Methoden oder Medien im „Tanz der Präsentation", kommt am Ende der Sicherung der erreichten Ziele oder auch der Verfehlung der geplanten Abläufe eine wichtige Bedeutung zu. Gerade in der Erwachsenenbildung und im Umgang mit der Kommunikation in Gruppen wird zu wenig Wert auf den Sinn und die Erfolgserfassung gelegt.

Wann wird nachgefragt, ob eine Dienstbesprechung oder ein Teamtreffen effektiv war? Wie wird über Ergebnisse kommuniziert? Wie sieht es in der eigenen Praxis aus? Bedenkt man, dass eine Fortbildung mit 15 Pflegekräften über 90 Minuten wirtschaftliche Ressourcen im Umfang von ca. 500 € verbraucht (11 € Stundenlohn zzgl. 9 € Lohnnebenkosten x 15 Personen x 1,5 Stunden + 50 € Honorar für Fortbildungsreferentin), sollte auf eine Ergebnissicherung nicht verzichtet werden.

In der Erfolgserfassung spiegelt sich auch der Respekt gegenüber den beteiligten Menschen wider. Alle im Prozess eingebundenen Personen haben dabei eine Mitverantwortung:

„Jeder von uns will, dass man ihn wahrnimmt und respektiert. Respektieren heiß anerkennen und wörtlich zurückblicken, den Blick zurückgeben. Wahrnehmen bedeutet zuerst, Körpersignale und Verhalten zu erkennen. Kommunizieren heißt, sie richtig zu interpretieren und verständlich zu antworten. Dazu braucht man den Kopf, aber es geht aus vom Herzen – das Signal wie die Antwort unseres Körpers." (Molcho 1983, S. 19)

Kommunikation wird im betrieblichen Sinne nicht zum Selbstzweck, sondern im Sinne der Optimierung im Umgang mit Kunden und deren Bedürfnissen betrieben. Diesem Ziel dient auch die Zufriedenheit der Mitarbeiterinnen und das aktuelle, angewendete Fachwissen. Geregelte Kommunikation zielt grundsätzlich auf die Sicherung, den Erhalt und den Ausbau der Qualität eines Betriebes ab.

Die Gesamtverantwortung der Koordinierung in der betrieblichen Kommunikation liegt bei den Führungskräften, an erster Stelle bei den „verantwortlichen, leitenden Pflegefachkräften" also den Pflegedienstleitungen einer Pflegestation. Diese haben einen ordnenden Auftrag und sollten Besprechungen und Fortbildungen nach Bedarf und Notwendigkeit organisieren. Kommunikation befriedigt auch Grundbedürfnisse im menschlichen Umgang, sollte jedoch bewusst angeboten werden.

Menschen brauchen Ordnung, Rituale und Struktur, um sich mit „voller Energie" ihrem Hauptauftrag zuwenden zu können. Dieser Auftrag liegt in der pflegerischen Tätigkeit ganz eindeutig bei der Versorgung, Unterstützung und Beratung der pflegebedürftigen Menschen und ihren Bezugspersonen. Also ist es Führungsaufgabe die betriebliche Kommunikation darauf hin auszurichten.

„Wenn die Sterne in einer beliebigen Ordnung auf- und untergingen, hätte selbst der Himmel keinen Sinn mehr. Das Zurückverfolgen und Wiederholen ihrer Bahn macht das Ereignis des Himmels aus. Und es ist die Zurückverfolgung und die Wiederholung bestimmter fataler Höhepunkte (Peripetien), die das Ereignis des Lebens ausmachen." (aus Geißler 1998, S. 162)

Beispiele für Ergebnissicherung:

- Bereits das einfache „Blitzlicht" am Ende einer Veranstaltung stellt eine Form der Ergebnissicherung dar und setzt zudem einen Abschluss. Im Blitzlicht gibt jede Teilnehmerin kurz ihre Meinung oder aktuelle Stimmung bekannt. Diese Äußerungen dürfen nicht im Prozess diskutiert oder kommentiert werden.
- Auch eine einfache Stimmungswiedergabe kann als Erfassung gelten. Die Ein-Punkt-Frage bietet sich hierfür an. Eine Skala oder JA/BEDINGT/NEIN als Kästchen reichen für einen Kurzeindruck aus. Jede Teilnehmerin erhält einen Klebepunkt und klebt diesen je nach „Feeling" auf die Linie.

- Das klassische, geschriebene Protokoll, also die schriftliche Erfassung der Ergebnisse und Kernaussagen eines Gruppenprozesses. Protokolle sind

„Machtinstrumente". Sie definieren und legen Ergebnisse und Vereinbarungen fest. Es sollte genau überlegt werden, wer und wie diese Niederschriften erstellt werden. Bitte immer sehr zeitnah. Spätestens eine Woche nach einer Besprechung hat das Protokoll vorzuliegen, da dann noch ausreichend Erinnerungen bei den Beteiligten vorhanden sind, um evtl. Korrekturen und Abstimmungen vornehmen zu können. Verantwortlich für die Beauftragung, Verteilung, Dokumentation und Überwachung sind die Führungskräfte des Betriebes.

- Kurze schriftliche Abfrage der Beteiligten zur Veranstaltung. Ein kurzer „Feedback Bogen" auf einem Blatt mit Fragen zu den Inhalten/der Einschätzung der Präsentation ist eine gute Möglichkeit zur realen Ergebnissicherung. Zwei Muster sind auf den Seiten 101 und 102 dargestellt. Ein Muster aus einem Orientierungskurs für Pflegepersonen und eines vom Fachtag des Netzwerkes „Zu Hause leben" am 30.09.2005.

- Plakate aus der Veranstaltung. Also Flip Chart-Blätter mit Texten, Bildern, Tabellen u. Ä. oder Pinwandstrukturen, z.B. eine aufgeklebte Kartenabfrage.

- Erstellte Produkte aus Veranstaltungen. Der besprochene Flyer oder die Anpassung eines Internetauftritts sollten allen bekannt gemacht werden.

- Kennzahlen, also konkrete Zieldefinitionen mit erfassbaren Fakten, sollten regelmäßig gesichtet und Plan und Ergebnisse dargestellt werden. In Fabriken gibt es dafür elektronische Zähler für den Stand der

Produktion mit großen in der Werkhalle aufgehängten Leuchttafeln. Das ist durchaus motivierend. Wie könnten solche Ergebnisse in der Pflege kommuniziert werden? Warum nicht die monatlich Anzahl der Pflegeberatungsbesuche für Bezieherinnen von Pflegegeld aushängen (Beratung nach § 37.3 SGB XI)?

- Verbale Weiterleitung an andere Kolleginnen. Vom Small Talk auf dem Flur bis hin zum „schnellen Telefonplausch" funktioniert die unstrukturierte Kommunikation meistens ziemlich gut. Sie ist jedoch eher diffus und lässt sich nicht zielgerichtet anwenden. Unabhängig davon ist diese Form der „Ergebnissicherung" durchaus ein Zeichen anregenden Dialogs im Betrieb.

Gezielte Kommunikation als ein wesentlicher Auftrag von Präsentationen hat meistens einen „erzieherischen" Auftrag. Erziehung, gemeinsame Entwicklung sind etwas zutiefst Menschliches und sollten mit Spaß gelebt werden. Auch erwachsene Menschen lernen grundsätzlich im gemeinsamen Umgang, in der Auseinandersetzung miteinander und im Austausch. Dieses sollte als Ziel bei Präsentationen nicht vergessen werden.

„Erziehung vollzieht sich auf zwei Wegen: Durch gestische und verbale Anweisungen zum einen und zum anderen über den Reiz, das Verhalten anderer nachzuahmen." (Molcho 1983, S. 67)

Bewertungsbogen

Bewertungsbogen für den Fachtag "Leben im Alter"

Zu Hause leben

am 30.09.2005 von 10.oo bis 14.oo Uhr im Gustav-Heinemann-Bürgerhaus

Bitte geben Sie kurz Ihre Einschätzung für unsere Auswertung kund ... Besten Dank!

Idee :"Fachkräfte referieren aus der Praxis für Fachkräfte aus der Praxis"

sehr gut	gut	neutral	nicht so gut	schlecht

Organisation des Fachtages - Gesamteindruck :

sehr gut	gut	neutral	nicht so gut	schlecht

Bewertung der einzelnen Vorträge:

	sehr gut	gut	neutral	nicht so gut	schlecht
"Einstiegsreferat" - Stefan Block					
"Begutachtung § 45" - Volker Tewes					
"Angehörigenpflege" - M.Zimmermann/D.Chemnitz					
"Wohnen in Bremen ..." - Kai Müntel					
"Geistig fit bleiben" - Wolfgang Skrobacz					
Moderation - Stefan Block					

Haben Sie weiterhin Interesse an Veranstaltung des Netzwerkes "Zu Hause Leben" zum Thema "Leben im Alter" Ja ☐ Nein ☐

Sollen wir Sie in unseren Verteiler eingeben, geben Sie uns bitte Ihre Adresse/Mailadresse an:

Hätten Sie selber ein Thema zum Referieren "anzubieten"?

Welche/s Them/a/en interessieren Sie derzeit besonders?

Mitteilung an die Organisatoren des Fachtages?

Quelle: Stefan Block

Bewertungsbogen

Arbeiter-Samariter-Bund

Ihre Meinung ist uns wichtig

Orientierungskurs in Kooperation mit der BARMER:
Wir möchten Sie bitten, diesen Fragebogen auszufüllen und abzugeben.

Thema

Referent/in

Raum/Atmosphäre

Organisation

Durch wen haben Sie von unserer Veranstaltung erfahren?

....

Haben Sie noch Verbesserungsvorschläge/Anregungen für uns?

....

Haben Sie Themenwünsche?

....

Quelle: Stefan Block

» *Es ist uns nicht gewährt,*
die Wahrheit zu besitzen;
aber wer an sie glaubt
und ihr dient,
baut an ihrem Reich. «

Martin Buber

7. Verwendete und empfehlenswerte Literatur

- AOK Magazin Praxis aktuell 4 . 2005 „Interne Kommunikation"
- Barker, Alan: „30 Minuten bis zur effektiven Besprechung", GABAL TB, Offenbach 1998
- Block, Stefan: „Gespräche in der Pflege moderieren", Vincentz Network, Hannover 2005
- Block, Stefan: „Marketing und Verkauf", Vincentz Network, Hannover 2005
- Böhme, Hans: „Haftungsfragen und Pflegeversicherungsgesetz", KDA, Köln 1997
- Forsyth, Patrick: „Präsentation", Gabal TB, Offenbach 1998
- GABAL: „Aktive Lernmethoden", Heidersheim 2003 (www.gabal.de)
- Gelb, Michael J.: „Sich selbst präsentieren", Offenbach 1997
- Geißler, Karlheinz A.: „Zeit ... Verweile doch, du bist so schön!", Quadriga Verlag, Weinheim und Berlin 1996
- Henkhus, Frank: „Fit für den Auftritt", Artikel in wirtschaft & weiterbildung, Nov./Dez. 2005
- Hoffmann-Gabel, Barbara: „Besser verstehen lernen", Hannover 1999
- Kern, Norbert: „Qualitätsmanagement", München 2004
- Kiefer, Bernd/Rudert, Bettina: „Mind Maps in der Altenpflege", Hannover 2003
- Kirckhoff, Mogens: „Mind Mapping", Offenbach 1997
- Kreutzmann, Reiner: „Mit Wissensmanagement zu deutlich mehr Erfolg", aus dem Internet www.schoenherr.de
- Martin, Günter: „Powerpräsentation mit powerpoint", Offenbach 2004

- Molcho, Samy: „Körpersprache“, München 1983
- Molcho, Samy: „Körpersprache der Promis“, München 2003
- Rieger, Jacqueline: „Der Spaßfaktor“, Offenbach 1999
- Ruppert, Eva: „Fit für den Auftritt“, Artikel in wirtschaft & weiterbildung, Nov./Dez.2005
- Sampson, Eleri: „Selbstdarstellung“, Gabal TB, Offenbach 1998
- Scheler, Uwe: „Informationen präsentieren“, Offenbach 1997
- Seifert, Josef W./Kraus, Rolf: „Mitarbeiter-Gruppen“, Offenbach 1996
- Seifert, Josef W.: „Visualisieren, Präsentieren, Moderieren“, Offenbach 1989
- Seifert, Josef W.: „Besprechungen erfolgreich moderieren“, Offenbach 2003
- Simon, Walter: „Die neue Qualität der Qualität“, Offenbach 1996
- SKILL Autorenteam: „Kreativ lehren und lernen“, Offenbach 1995
- Vester, Frederic: „Denken, Lernen, Vergessen“, München 1978
- Watzlawick, Paul./Beavin, J.H./Jackson D.D.: „Menschliche Kommunikation. Formen, Störungen, Paradoxin“, Bern/Stuttgart/Wien 1974
- Watzlawick, Paul: „Vom Unsinn des Sinns oder der Sinn des Unsinns“, Wien 1997
- Weyand, Carsten: „Internet in der Altenpflege“, München/Jena 2002

Schöne Sammlungen von Kurzgeschichten und kurzen Zitaten zum Ein- und Ausstieg aus Präsentationen:

- Buber, Martin: „Alles wirkliche Leben ist Begegnung“, München 1999
- Fichtl, Gisela: „Der Zitate Guide“, Planegg 2001
- Mello, Anthony de: „Eine Minute Weisheit“, (TB), Freiburg 1998

- Nölke, Matthias: „Anekdoten, Geschichten, Metaphern“, (mit Text CD-Rom) Planeck 2002
- Reichel, Gerhard: „Der Indianer & Die Grille“, Forchheim
- Reifarth, Wilfried und Scherpner, Martin: „Der Elefant“, Eigenverlag des Deutschen Vereins, Frankfurt a. M. 1993 (nur beim DV zu beziehen)
- Shah, Idries: „Die fabelhaften Heldentaten des vollendeten Narren und Meisters Mulla Nasrudin“, (TB), Freiburg i. B. 1997
- Shah, Idries: „Die Karawane der Träume“, München 2001

Zur Person

Stefan Block

Meine Kindheit war geprägt von eigener Krankheit und Anfälligkeit, doch auch von der tiefen Liebe meiner Eltern und von der Idee des Rechts auf eigene Entwicklung. So konnte ich langsam über die Jahre der Entwicklung mein eigenes Wesen entdecken. Über den ersten 14 Jahren meines Lebens stand der Begriff der „Identitätsfindung". Ich stand dabei klar im Mittelpunkt. Allein sein. Vor sich hinbasteln, lesen und ganz introvertiert das Leben als ein Geschenk zu erleben, das zeichnete meine Entwicklung aus.

Erst in der Realschule entdeckte ich, neben meiner inzwischen siebenköpfigen Familie (zwei Brüder, zwei Schwestern) andere Freunde und viel Begegnung. Mit 16 war die Pfadfinderbewegung zu einem Lebensmittelpunkt geworden und ich auf dem Weg, eine „Führungskraft" zu werden. Wie ein „Phönix aus der Asche" war mir die eigene Präsentation wichtig geworden und mir klar, dass ich mich als Führungskraft sehen und positionieren wollte. Von der Präsentation in meinen eigenen Kindergruppen, über Kurse und Lehrgänge für Führungskräfte in der Pfadfinderbewegung hin zu großen Zeltlagergottesdiensten und der Begegnung zu vielen Menschen ging ich den Weg konsequent. In der ausgezeichneten Ausbildung zum Industriekaufmann bei den Lloyd Dynamowerken in Bremen und meiner überzeugten Einstellung zu Frieden und Friedensdienst folgte die Erzieherausbildung, der Zivildienst als Rettungshelfer und Breitenausbilder für Erste Hilfe und das Studium zum Diplom Sozialpädagogen. Alle diese Wege haben mir die „Idee der Präsentation“ aus sehr unterschiedlichen Blickwinkeln ermöglicht und mich gelehrt, auch als ein „Eigenbrötler“ und überzeugter Individualist mit anderen Menschen Wege zu einem gemeinsamen Ziel zu suchen und zu finden.

Neben meiner Familie und der evangelischen Pfadfinderbewegung hat mir dafür der Arbeiter-Samariter-Bund als sozialpolitisch offene, am Menschen orientierte Organisation seit 1982 eine Heimat für Übung, Training und Entwicklung gegeben. Als Zivildienstleistender konnte ich bereits 1983 eigenständig neue Lehrgänge und Kurse für pflegende Angehörige, für herzerkrankte und viele andere Menschen entwickeln und in die Praxis umsetzen. Als Vorstandsmitglied, als ehrenamtlicher Ausbilder, als hauptamtlicher Leiter der Ausbildungsabteilung ab 1987 konnte ich mich immer meinen Interessen gemäß weiterentwickeln. 1989 wurde der Bereich der Kinder- und Jugendförderung an Schulen von mir als Abteilungsleiter auf- und ausgebaut. 1993 übernahm ich die Führung der Sozialen Dienste bis dann im Jahr 2001 die Pflege in die von mir angestrebte ASB Ambulante Pflege GmbH mit mir als Einrichtungsleiter ausgegliedert wurde. Zu diesem Zeitpunkt entschied ich mich für ein „amerikanisches Arbeitsmodell“. Ich reduzierte meine Wochenarbeitszeit auf 30

Stunden und wurde als freier Dozent für Betriebswirtschaftslehre und Methoden der Kommunikation sozialpflegerischer Einrichtung verstärkt tätig. Mit dieser Kombination habe ich meine „Arbeitsheimat" mit hoher Zufriedenheit erreicht und veröffentliche mit diesem Werk mein drittes Buch.

Ich bin allen Menschen auf dem Weg hierher sehr dankbar und möchte dabei nochmals meine Eltern, meine Frau und meine Geschwister und engen Freunde hervorheben. Was wäre ich ohne Euch? Sicherlich nicht der Mensch, der ich heute bin!

Stefan Block,
Süstedt 2006

» Die Liebe

findet man nicht mit dem Kalender in der Tasche

und auch nicht mit der Uhr am Handgelenk.

Sie hat kein Tempo – aber sie hat viel Zeit.

Die Zeit der Liebe ist die liebe Zeit. «

Quellennachweis:
Karlheinz A. Geißler – „Zeit ... Verweile doch, du bist so schön!“ – 1996
BeltzQuadriga Verlag Weinheim und Berlin – ISBN 3-88679-822-4

Anhang

Laudatio – eine Lobrede in drei Schritten (siehe Seite 90)

1. Schritt: Auf die Zeit (Folie Dali)

Zeit ist ein Grundelement unserer Existenz, unserer Daseins. Menschen wollen Zeit für sich, für andere ... Zeit ist Leben!

Doch Zeit ist fließend (Dali) und „unfassbar". Zeit ist relativ und individuell. In unserer schnellen, auf Leistung ausgerichteten Welt (und Zeit) wird „Zeitmanagement" betrieben, Zeit „erfasst" und alles effizienter in Zeitsparpotentialen definiert.

Denken wir uns doch einmal in einen pflegebedürftigen Menschen hinein.

Ich liege hier in meiner Wohnung, im Bett ... der Tag ist unendlich lang, keiner kommt ... ich fühle mich alleine ... und um 12.30Uhr kommt die Pflegerin und macht mich frisch fürs Mittagessen des Menübringedienstes ... endlich! Diese Begegnungen sind Rituale, sie gliedern den Tag und schaffen Kontakte zum Leben außerhalb des Pflegezimmers.

Wie soll ich als Mensch die subjektive „Zeitnot" aushalten? Der Straßenfeger Beppo aus dem Buch Momo von Michael Ende sagt uns seine Weisheit zu einer „unendlichen Straße": „Man darf nie an die ganze Straße auf einmal denken, verstehst Du? Man muss nur an den nächsten Schritt denken, an den nächsten Atemzug, an den nächsten Besenstrich. Und immer wieder nur an den nächsten." Wieder hielt er inne und überlegte, ehe er hinzufügte: „Dann macht es Freude; das ist wichtig, dann macht man seine Sache gut. Und so soll es sein."

Es ist klar ... Zeit ist ein wertvolles Gut ... eigentlich unbezahlbar! Genau dieses Gut wünschen sich viele Pflegekunden. Mit Zeit ist Nähe, Wertschätzung und Qualität der Begegnung eng verbunden.

Doch sollte dann auch das „Produkt" entsprechend benannt werden. Leistungskomplexe ohne konkrete Zeitbenennungen haben ihre Berechtigung und machen Sinn, dort wo die Leistung im Mittelpunkt steht und nicht die Begegnung als solches.

Zeit ist dort notwendig, wo individuelle Begegnung und Leistung „eingekauft" wird.

---

2. Schritt: Auf die Pflege (Folie ICH)

Empathie ist eine zentrale Grundlage zum Verständnis der Kundenbedürfnisse ... und in unserer Arbeit sind wir alle früher oder später auch Betroffene.

Das bietet Chancen und Gefahren. Ich habe Respekt vor der Leistungen der Pflegekräfte, die täglich Pflegearbeit erbringen! Der Runde Tisch Pflege hat es gerade veröffentlicht (Sept05): „Die häusliche Betreuung und Pflege ist eine komplexe organisatorische Herausforderung. Tagtäglich müssen:

> die Selbstpflegekompetenz der Betroffenen,
> die Einzelfallkompetenz der pflegenden Angehörigen (privat Pflegenden) und
> die beruflichen (Fach-)Kompetenzen der Mitarbeiterinnen und Mitarbeiter von Pflegediensten (...)

in Einklang gebracht werden."

Pflege stellt im Gesamtkonzert eine Instrumentenrichtung und ist alleine nicht in der Lage eine schlüssige Musik vorzubringen. Das Gemeinwesen, Nachbarn, Freunde und ganz besonders die Familie sind die Partner in einem funktionierenden Versorgungssystem. Auch das fasst der „Runde Tisch Pflege" klar zusammen: „Die professionell geleistete Pflege durch ambulante Pflegedienste zeichnet sich dadurch aus, dass sie als zugehendes und familiäre Hilfen ergänzendes Angebot konzipiert ist."

Also bitte ... lassen sie uns das System an dieser Stelle nicht überfordern: Pflege ist nicht für alles und jedes Problem im privaten Umfeld der pflegebedürftigen Menschen verantwortlich und „zuständig". Da sollte der MDS seine Prüfkriterien der ambulanten Pflege einmal kritisch sichten und den „Ganzheitlichkeitsanspruch" auf ein sinnvolles, finanzierbares und leistbares Maß reduzieren.

Genau an dieser Stelle treffen wir wieder auf den Bedarf nach ZEIT!

Jedoch nicht unbedingt im Rahmen öffentlicher „Finanzierer", sondern als privaten Wunsch von Menschen. Wofür könnte ein pflegebedürftiger Mensch sein Geld noch ausgeben ... wenn nicht für sich und sein Wohlgefühl?

---

3. Schritt: Auf den Preisträger des „Häusliche Pflege Innovationspreises 2005" (Folie Hände)

Ich hatte mich ja schon geoutet: Ich bin ein Verfechter von nicht zeitgebundenen Leistungskomplexen als mischkalkulierte Leistungen der KV/PV ... nur darüber lassen sich individuelle Leistungszeiten nach Bedarf sinnvoll generieren (betriebswirtschaftlich, strukturell), ohne um jede Minute zu „feilschen".

Doch wurde in der Pflege seit eh und je Zeit als „Produkt" als „Leistung" definiert und „verkauft". Jeder mir bekannte Pflegedienst bietet seinen Kunden frei einzukaufende Zeit an. In der Verhinderungspflege nach § 39 SGB XI macht sie genauso Sinn als „offene Leistungsvereinbarung". Leider gelingt es uns Pflegediensten nicht diese Idee sinnvoll „an den Markt" zu bringen. Und da kommen wir zum Preisträger des Innovationspreises ...

Die Ambulante Pflegezentrum Nord gGmbH hat ein genial einfaches und doch so logisches Marketingkonzept erstellt: „Gönnen Sie sich „Ihre Zeit". Zeiteinheiten als Geschenk, als „Zeit nur für mich", als eine frei abrufbare und ganz nach Wunsch zu füllende Zeit. Das ist das Geniale und Preiswürdige. Pflege braucht eine bessere, klarer am Markt ausgerichtete Kommunikation und Öffentlichkeitsarbeit.

Das Projekt hat regional bewiesen, dass es gelungen ist die Kunden damit aufzuwerten. Die Kunden wurden in ihrem Bedarf ernst genommen, also wertgeschätzt! Ich als Kaufmann sage Ihnen klar: Nur aus Wertschätzung der Kundenbedürfnisse kann Wertschöpfung entstehen! Für diese Idee, für diese gute Öffentlichkeit sei dem Ambulante Pflegezentrum Nord Dank gesagt und gleich der Preis übergeben. Genau dazu möchte ich alle Dienste aufrufen, Innovation entsteht oft im ganz Kleinen, in der Nähe zum Kunden ... das ist im wahrsten Sinne des Wortes PREISWERT

Und bisher hat die eigentliche Öffentlichkeitsarbeit in Flensburg erst begonnen. Die bisherigen „Zeitwertkarten" wurden in erster Linie an „interne Kunden" verkauft ... der nächste Schritt ist nun der „Schritt in die breite Öffentlichkeit."

Lassen sie mich zurückkommen auf die Zeit und enden mit einem kurzen Zitat aus Momo von Michael Ende:
„Es gibt ein großes und doch ganz alltägliches Geheimnis. Alle Menschen haben daran teil, jeder kennt es, aber die wenigsten denken je darüber nach. Die meisten Leute nehmen es einfach so hin und wundern sich kein bisschen darüber. Dieses Geheimnis ist die Zeit. Es gibt Kalender und Uhren, um sie zu messen, aber das will wenig besagen, denn jeder weiß, dass einem eine einzige Stunde wie eine Ewigkeit vorkommen kann, mitunter kann sie aber auch wie ein Augenblick vergehen – je nachdem, was man in dieser Stunde erlebt. Denn Zeit ist Leben. Und das Leben wohnt im Herzen."

Nun bitte ich den Geschäftführer des Ambulanten Pflegezentrum Nord ... Ulf von der Wehl zu uns auf die Bühne, um den Preis in Empfang zu nehmen!

Quelle: Stefan Block